翻译学论丛

基于意义进化论的典籍英译模式研究

束慧娟 著

本书由江苏省高校哲学社会科学研究一般项目"基于意义进化论的典籍英译模式及其应用研究"(项目编号:2019SJA1232)资助出版。

苏州大学出版社

图书在版编目(CIP)数据

基于意义进化论的典籍英译模式研究/束慧娟著.—苏州：苏州大学出版社,2019.7
（翻译学论丛）
ISBN 978-7-5672-2865-8

Ⅰ.①基… Ⅱ.①束… Ⅲ.①古籍-英语-翻译-研究 Ⅳ.①H315.9

中国版本图书馆 CIP 数据核字（2019）第 151881 号

书　　名	基于意义进化论的典籍英译模式研究
著　　者	束慧娟
责任编辑	金莉莉
策划编辑	汤定军
装帧设计	刘　俊
出版发行	苏州大学出版社（Soochow University Press）
社　　址	苏州市十梓街1号　邮编：215006
印　　装	虎彩印艺股份有限公司
网　　址	www.sudapress.com
E - mail	tangdingjun@suda.edu.cn
邮购热线	0512-67480030
销售热线	0512-67481020
开　　本	700mm×1 000mm　1/16　印张：14　字数：201 千
版　　次	2019 年 7 月第 1 版
印　　次	2019 年 7 月第 1 次印刷
书　　号	ISBN 978-7-5672-2865-8
定　　价	58.00 元

凡购本社图书发现印装错误，请与本社联系调换。服务热线：0512-67481020

前　言

　　Halliday & Matthiessen 提出的意义进化论是系统功能语言学的新发展，但人们对这一理论的关注较少，将其运用到相邻学科研究中的尝试则几乎为零。作为翻译研究七大难题之一的翻译过程研究是难中之难。如何以一种切实可行的方式描述这一过程的实际运作情况是研究这一话题的学者们的最大挑战，但还是有相当多的国内外学者接受挑战，迎难而上，探索不止，因为他们认为如果不研究翻译活动的过程，就无法了解翻译的本质，也就无法对翻译活动有完整的认识。一方面，针对典籍英译作品英译过程的系统性研究仍然是一片有待开垦的领地；另一方面，中国传统文化"走出去"又是时代发展的必需。因此，在这样的背景下，本书研究将功能语言学的意义进化论，尤其是其中的东方元素，运用到构建中国典籍作品英译过程模式研究的视角便具有了理论意义、实践作用和文化价值。

　　意义进化论是本研究的理论基础。本书第二章首先对意义进化论的维度和理论基础进行概述，接着分析同作为系统功能语言学中的重要概念，意义进化论与语法隐喻之间相辅相成又相互独立的关系。概念基块是意义进化论中的重要概念，其中的序列、图形、成分三个层次的划分是笔者重点借鉴的参数。关于英汉概念基块异同的相关研究成果无疑可以给两种语言之间的互译研究提供启发。通过对意义进化论的回顾，笔者发现选择意义进化论作为本研究的理论基础具有三方面的优势：第一，其生物科学、社会构建主义和中国阴阳学说的理论基础更好地契合了翻译活动的特点；第二，语法隐喻理论的契合可以为翻译过程中的问题提供更好的解决方法；第三，序列、图形和成分的概念为翻译过程模式的操作提供了可操作的参数。

典籍英译过程是本研究的对象。翻译研究语言学视角有着深厚的历史渊源,翻译过程研究也受到众多语言学流派的影响,例如,心理语言学、认知语言学、系统功能语言学等。用模式图方式来描述翻译过程的研究成果主要是借鉴系统功能语言学的 Bell 模式和以认知语言学为理论基础的框架操作模式。而针对典籍英译模式的过程模式研究,已有的过程模式图还可以在模式所体现的过程阶段、模式的检验方法、模式中术语的运用和模式的本土化方面有所改进。

本研究的目的在于构建一个专门针对中国典籍作品英译过程的模式图。典籍英译研究存在的问题是:实践上依然有着不可为的魔咒;在理论研究上借鉴有余、创新不足;理论与实践脱节;对典籍英译教学重视不够。鉴于此,本书第四章在构建典籍英译模式的过程中首先将这一模式归为中观理论的范畴。中观理论解决了宏观理论不能直接联系实际、微观理论只关注具体翻译技巧方法的矛盾。通过这一中间环节,消融了宏微之间的对立。笔者所要构建的典籍英译过程模式也是旨在一方面能够凸显典籍作品英译过程的特点,另一方面能够具体指导翻译实践,并在以下四个方面具有区别于其他翻译过程模式图的独特性:第一,形式上以具有中国传统文化特色的阴阳图为核心的圆形图呈现典籍英译过程中各个阶段相互影响、互为参照的共存共生特点。阴阳图的黑白部分分别用来表示原文和译文。第二,在内容上打破固有对原文、译文概念理解的桎梏。典籍英译过程区别于其他汉英翻译过程,除了英汉两种语言之间的语际翻译外,多了一个古代汉语和现代汉语之间的语内翻译过程。现代汉语既是语内翻译过程中的译文,同时又是语际翻译过程时的原文。从阴阳学的角度看,能指与所指可以互相转换的命题可以为现代汉语在典籍英译过程中的双重角色提供合理的解释。第三,步骤上强调回译检验译文的重要性。以环形模式图取代线性递进的图形更能揭示翻译过程不只是原文对译文单向影响的客观事实。在回译检验译文的过程中,译文(英文)的形态直接影响了回译过程是否能够到达"译心"(现代汉语),甚至"译底"(古代汉语)。第四,理论上以意义进化论为指导,提高了对翻译过程问题的解释力度。该理论对意义潜势的强调可以解释语言不断发展的内在动力,也可以更好地解释译无定法这一翻译中的固有特点。典籍英译过程模式图的构建过程以概念基块的共性为出发点,寻求序列、图形和成分的对应,借助语法隐喻构建意义,通过主位推进、动态投射等手段发挥译者主体性,最后采用回译手段检验译文。

本研究采用实证方法检验理论模式的切实可行性。本书第五章以《中庸》中的三个核心概念、两个具有代表性的小句及两个复合小句为例。笔者通过考察本校40名翻译专业硕士对以上内容的英译情况以及对相关的译前、译后问题的问卷调查结果分析,总结发现,绝大多数受试者认可笔者提出的典籍英译过程模式图,普遍认为,其针对性强,特色鲜明,能够在翻译过程中提醒译者运用语法隐喻等手段完善译文,增强翻译意识,并使他们能够在一定范围内积极发挥主观能动性,从而实现译本的多样性和灵活性。

在呼唤中国传统文化"走出去"的时代背景下,典籍英译不是可不可以的问题,而是势在必行。对典籍英译过程的研究有助于推动中国传统文化和价值观在海外的成功传播,借鉴有效的"他山之石"——意义进化论,则更可以促进这一进程。

目 录

- 第一章 绪 论 / 001
  - 1.1 研究背景 / 001
  - 1.2 研究问题与意义 / 003
  - 1.3 研究内容与方法 / 006
  - 1.4 全书结构 / 007
- 第二章 意义进化论 / 009
  - 2.1 意义进化论的三个维度 / 010
  - 2.2 意义进化论的理论基础 / 010
    - 2.2.1 生物科学 / 011
    - 2.2.2 社会构建主义 / 011
    - 2.2.3 中国阴阳学说 / 012
  - 2.3 意义进化论与语法隐喻 / 014
  - 2.4 概念基块 / 017
    - 2.4.1 概念基块的三个层次 / 018
    - 2.4.2 英汉概念基块比较 / 021
    - 2.4.3 概念基块的生成与构建 / 031
  - 2.5 为什么是意义进化论 / 033
- 第三章 翻译研究 / 036
  - 3.1 翻译研究的语言学视角 / 036
    - 3.1.1 历史渊源 / 037
    - 3.1.2 影响翻译研究的主要语言学流派 / 039
    - 3.1.3 问题与不足 / 043
  - 3.2 国内外翻译过程研究成果 / 044
    - 3.2.1 Bell 翻译过程模式 / 046
    - 3.2.2 框架操作模式 / 049
    - 3.2.3 贡献和不足 / 052
- 第四章 典籍英译模式的构建 / 057
  - 4.1 典籍作品英译研究 / 058
    - 4.1.1 研究成果 / 058

  4.1.2 问题与不足 / 060
4.2 典籍英译过程特点 / 066
4.3 典籍英译过程模式 / 069
  4.3.1 模式研究所属范畴 / 069
  4.3.2 模式需要解决的问题 / 072
  4.3.3 模式的独特性 / 073
  4.3.4 模式图的操作步骤 / 079

● 第五章 典籍英译模式应用——《中庸》英译 / 132
5.1 《中庸》的英译研究 / 133
  5.1.1 《中庸》五个英译本 / 133
  5.1.2 《中庸》英译研究现状与不足 / 135
5.2 《中庸》核心概念、小句、篇章的英译 / 137
5.3 《中庸》英译过程实证研究 / 146
  5.3.1 实证对象 / 146
  5.3.2 实证过程 / 147
  5.3.3 数据收集与分析 / 148
  5.3.4 结论与启发 / 181

● 第六章 结　语 / 187
6.1 研究总结 / 187
6.2 研究贡献 / 192
6.3 局限与展望 / 193

附录 / 195

参考文献 / 200

第一章 绪 论

翻译研究的核心问题始终是"怎么译"的问题,对这一问题给出合情合理的解释是对翻译研究者的挑战,因此也成为这一研究领域最为困难的话题之一。所幸,翻译研究向来注重"借他山之石,攻自家之玉"。语言学研究的发展为这片黑暗带来了一丝曙光。本课题将就翻译问题中的中国典籍文本如何英译的问题展开研究,从 Halliday & Matthiessen 提出的意义进化论中寻求解决如何英译典籍作品这一难题的方法。

1.1 研究背景

许钧(2003)认为翻译研究的七大难题为:翻译本质论、翻译过程论、翻译意义论、翻译因素论、翻译矛盾论、翻译主体论和翻译价值与批评论。其中最难的便是对翻译过程的研究,人们对于描述大脑在翻译过程中的实际运转这一挑战还是心有余悸的,也有对于"过程"研究是否有必要、是否可行的种种质疑。然而"翻译学作为一门独立学科的系统发展,必然要对翻译过程有所突破。翻译过程研究是翻译学作为一个完整学科的重要分支,也是翻译研究的主体内容。"(肖开容,2012:3)对于翻译这样一项复杂的活动,如果不研究其"生产过程,我们就无法了解翻译的本质,无法对翻译活动有完整的认识"(丁烨,2010:34)。笔者认为,对翻译过程的思考可以为翻译研究的其他难题——意义、因素、矛盾、主体、价值与批评——提供更多的解题思路和启发。因此,尽管研究翻译过程的问题困难重重,令人望而却步,"对追求科学话语的翻译学者来说",这一研究却"有着不可抗拒的诱惑力"(伍小龙、王东风,2004),国内外学者也从未停止过探索的步伐。

国外学者对翻译过程研究具有代表性的成果有:Nida(1969)和 Steiner(1975)的翻译过程四分说、Gutt(1991)的翻译过程动态描述、Lorscher(1991)的"有声思维"实证研究以及 Bell(1991)的翻译过程模式图。Nida 和 Steiner 都将翻译过程分为四个部分:Nida 借鉴转换生成语法,将翻译过程分为分析、转换、重组和检验四个部分;Steiner 则借助阐述学理论将这四部分描述为信赖、侵入、吸收和补偿。Gutt 以关联理论为理论框架,认为翻译过程是认知推理的交际过程,进行了动态研究的尝试。Lorscher 的"有声思维"研究借助心理语言学研究方法,通过收集翻译过程中思维活动的数据,分析译者的语言选择策略和心理动机。Bell 的研究更多的则是基于系统功能语言学的研究,构建出一个广泛意义上的翻译过程模式。在国内,张今(1987)是较早研究翻译过程模式的学者之一。他在唯物辩证法的基础上,主张文学翻译过程可以分为理解和表达两个阶段。之后,柯平(1988)的研究是在符号学的基础上将翻译过程分为理解、传达和校改三个阶段。李占喜(2007)则运用关联理论和顺应理论的研究成果,提出关联—顺应的翻译过程模式。国内学者对于这一问题的最新研究成果是肖开容(2012)关于框架理论在翻译过程中的操作模式的探讨。国内外学者对翻译过程问题的探讨,无论是静态的还是动态的,无疑都有助于解释"过程"之谜,但没有哪一种"理论模式能够解释一切翻译现象和解决译者遇到的一切问题"(Bell,2009:F31),已有的翻译过程研究成果都还有其不足和可发展的空间,如模式包含的阶段、模式检验、模式中使用的术语、模式本土化等问题。在这样的翻译过程研究现状下,笔者认为本研究可以有所作为。

另外,无论国内外学者对于翻译过程研究是基于哪个理论,他们的研究方法都体现了翻译研究的跨学科本质。"翻译历来所为正是'搬运他山之石,雕琢本土之玉'。"(Bell,2009:F31)翻译研究的语言学视角有着深厚的历史渊源。早在 1958 年就有学者通过系统地划分语言学过程,提出翻译策略分类的概念(Fawcett,1997:50)。Nida、Catford、Jacobson 等都是早期将翻译研究和语言学相结合的代表学者。尽管20世纪90年代出现的"文化转向"观点在翻译研究中曾一度深得人心,但不少学者呼吁翻译研究还是要回归本体,回归语言学的角度。翻译研究被暗示正在经历语言学的回转。对翻译学影响较大的语言学流派主要有语用学、认知语言学、语言哲学和功能语言学。功能语言学视角最为突出的特点便是国内外学者广泛吸收了系统功能语言学的语境理论、纯理功能理论、衔接与连贯概念、功能句法理论、评价理论、语法隐喻理论等研究成果,并将其运用到翻译理论构建、译文意义表达、译文质量评估标准等研究问题上。但相对于系统功能语言学的其他理论观点,学者们对于意义进化论的关注较少。国内学者只有严世清(2002,2012)、丁建新(2009)、杨雪芹(2012)和赵霞(2012)对这一理论有过较为系统的讨论。而将这一理论运用到翻译过程研究中的尝试更是近乎为零。

本研究的另一个重要背景是各方对中国文化"走出去"的呼声不绝于耳。在这样的呼声下,刘宓庆认为,"中国翻译界和翻译研究界躬逢其盛,肩负着的是一种责无旁贷的职责",他将这份职责称为"天职",因为"汉语是近14亿人的母语,全世界的人正在期盼中华文化的灿烂复兴,许多国家的翻译界更是渴望读到又好又多的中国典籍和现代文化的精品"(马会娟,2014:viii)。那么将承载着博大精深的华夏文明的中国古代典籍作品翻译为外文,让其成为全人类共有的文化宝藏,无疑可以积极推动中国文化"走出去"的进程。也正因为此,这一领域的研究引起了越来越多学者的关注。以《大中华文库》为代表,各类典籍英译作品得以出版。同时,对典籍英译的理论研究也从不同领域、不同角度以不同的方法论积极展开。尽管典籍英译实践作品的数量有逐年增长之势,典籍英译理论的研究也有百花齐放的繁荣之态,但这一领域的研究仍然存在以下问题:理论研究借鉴、拿来有余,创新、本土化不足,以及理论研究与实践操作相脱节。

1.2 研究问题与意义

基于以上三方面的研究背景——过程研究、意义进化论、典籍

英译,本课题研究将重点探索以下几个相关问题:

第一,关于理论。我们认可翻译研究具有跨学科的本质特点。事实也证明翻译学科从相邻学科的研究成果中汲取了丰富的养料,获得了极大的启发,从而取得过许多令人欣喜的突破,但这并不意味着任何相邻学科的理论都可以拿为己用。因此本研究首先要回答为什么以意义进化论为理论基础。在纷繁复杂的翻译研究多视角背景下,语言学研究视角尤其是功能语言学的意义进化论对翻译问题解释的优势在哪里?这一理论在哪些方面可以对翻译过程中的问题给出更合理的解释和解决方法?

第二,关于模式。如何以一个相对静态的模式图描绘出动态的翻译过程将是本研究面临的重点和难点。已有的翻译过程模式图中未能详尽阐释但又是翻译过程中必不可少的重要阶段有哪些?本研究要提出的模式图如何体现中国典籍作品这一特定文本翻译过程的独特性?如何在步骤上体现运用意义进化论的相关术语作为参数解释翻译过程中各阶段事项的优势?

第三,关于检验。如何验证所提出的假设是本研究需要解决的另一个重点和难点问题。单纯对某一典籍作品的不同译本进行分析是否能够全面反映译者在实践过程中的困惑、推敲与定夺?我们可以采用怎样更加有说服力的检验手段避免理论研究与实践操作相脱节的问题?在对翻译过程模式的检验中,我们又可以得到对典籍作品翻译中哪些基本问题的进一步思考,从而进一步改进这一实践活动?

通过对以上问题的探索和突破,本研究旨在构建一个以意义进化论为指导,并借鉴该理论中的相关术语为描写参数的中国典籍作品英译的翻译过程模式。通过构建这一模式,对中国典籍作品英译过程中必要的步骤给出合情合理的解释,并以典籍作品《中庸》的英译分析为个案,验证该模式的可行性,同时进一步思考典籍翻译中的基本问题,最终达到提高中国典籍英译作品在译入语文化中的接受度,从而真正实现中国传统文化走出去的翻译的根本性目标。在此目标下,本研究也就具有了如下理论意义、实践作用和文化价值。

(1) 理论意义

本研究的一个理论意义在于实现翻译研究中"东西方理论二者之间深层的互补互证作用"①(马会娟,2014:V)。理论研究不能陷入"非此即彼"的二元对立的绝对化误区中。既不可唯西方理论是听、唯西方理论是从,也不可狂妄自大、闭门造车。只有彼此参照与借鉴才能提出更加成熟和创新的理论。一方面,本研究通过对意义进化论的深入探讨,挖掘出该理论更多的价值,从而给予该理论应有的关注,实现其对翻译过程研究更多积极的启发。另一方面,在意义进化论基础上构建的具有中国特色的典籍英译模式反证了意义进化论在翻译研究领域的应用价值。

本研究的另一个理论意义在于通过构建反映中国典籍作品英译特点的翻译过程模式,实现翻译理论模式在具体化和本土化上的突破。已有的翻译过程模式,无论是 Bell 的普遍意义上的过程模式,还是肖开容的框架操作模式,都没有能够体现典籍作品这一特定文本翻译过程的特点,也无法在模式图形式上实现本土化特征。本研究提出的典籍英译过程模式图则在形式、内容、步骤和术语使用上体现了其独特性,从而有助于实现本土化的创新。

(2) 实践作用

本研究通过运用所提出的中国典籍作品英译过程模式图分析具体典籍作品《中庸》英译问题,从而达到在具体翻译实践中检验相关翻译理论可行性的目的,避免理论与实践相脱节的弊端。本校 40 名 MTI(Master of Translation and Interpreting,翻译硕士专业学位)学生运用这一模式,并参考已有的译本,对《中庸》文本中具有代表性的核心概念、小句和段落的英译问题给出自己的思考和解决方法。此过程一方面有助于检验理论模式的可操作性,另一方面也有利于译者提高在实践过程中的翻译意识,并最终有利于提高翻译的质量。

本研究的另一个实践作用体现在对翻译教学的积极作用上。翻译教学的目的不是单纯地教授技巧,其很重要的目的在于增强

---

① 刘宓庆为《中译翻译文库》写的总序:《期待和展望》。

译者的翻译意识,使译者在翻译过程中能够自觉地意识到翻译的规律和规范。然而翻译教学最容易陷入"公说公有理,婆说婆有理"的怪圈,翻译教学无法给出有章可循、令人信服的讲解。本研究的典籍英译模式则可以为典籍翻译教学提供可供参考的理论依据,从而有助于改善典籍翻译教学的现状。

（3）文化价值

中国古代典籍作品传承着博大精深的中华文明。典籍作品的有效英译是中国文化和价值观能够成功在海外传播的重要一步。典籍作品的译者肩负着这一艰巨的使命和"天职"。好酒还需好马运,好马更需好鞭策。本研究提出的典籍英译模式为译者提供一个马鞭,使运酒的征程更加顺畅,从而让中华民族的醇厚酒香可以散发在更广阔的异域土地上。因此,本研究对典籍作品英译过程问题的关注也就具有了重要的文化意义,对解决中国文化如何成功走出国门、真正为译入语读者接受等问题具有启示和参考作用。

1.3 研究内容与方法

根据所要解决的问题,本书主要研究以下三个方面的内容。

（1）阐述本研究的理论基础

重点讨论意义进化论的理论基础,尤其是中国阴阳学说对其的影响;厘清该理论与语法隐喻有所契合又各自独立、相互促进的关系;阐明概念基块这一意义进化论中的重要概念及其在英汉两种语言中的差异。

（2）构建中国典籍英译过程模式

这是该研究的核心内容。笔者将探讨该模式的范畴、需要解决的问题尤其模式操作的具体步骤等问题。

（3）检验典籍英译模式

将这一模式应用到对《中庸》英译问题的分析研究中,检验其在实际操作过程中的作用。这部分内容对《中庸》英译的讨论不只局限于对已有译本的对比分析,更需要加入本校40位MTI学生在参考了典籍英译过程模式及已有译本后,对《中庸》作品中的核心概念、小句和篇章的处理方法的讨论,并通过问卷调查的形式进一步分析典籍作品翻译的核心问题,同时对所提出的模式进行改进,从而提高检验的说服力。

本研究以定性研究方法为指导,理论研究结合翻译实例分析,按照模式构建—模式检验—模式改进的思路展开讨论。模式构建阶段主要是定性研究。本研究对研究对象、翻译过程的研究现状及已有的代表性翻译过程模式进行讨论,总结分析其贡献与不足,以意义进化论为理论框架构建出针对典籍英译的过程模式。模式检验部分的研究则综合了实证研究、问卷调查等方法。通过个案分析——《中庸》的英译及对译者关于模式、翻译过程中所遇到的困难等问卷调查结果的分析,检验所提出模式的可行性和可操作性。模式改进部分的论述则重回定性分析的方法,反思典籍英译过程中的基本问题,并根据实证研究的结果,改进和完善所提出的模式。

1.4 全书结构

全书共有六章。

第一章为绪论,总体介绍全书的研究背景、研究问题与意义、研究内容与方法及全书结构。

第二章讨论该研究的理论基础,即意义进化论。阐述意义进化论的三个维度、意义进化论的理论基础、意义进化论与语法隐喻等背景问题。重点分析意义进化论中的概念基块的问题,探讨概念基块的三个层次、英汉概念基块的异同、概念基块的生成与构建等问题。最后解释为什么以意义进化论作为本研究的理论基础。

第三章回顾翻译过程的研究情况,包括翻译研究的语言学视角和国内外翻译过程研究成果两大方面的内容。翻译研究的语言学视角部分重点探讨系统功能语言学视角的翻译研究;翻译过程研究成果部分重点阐述 Bell 模式和框架操作模式及其贡献与不足。

第四章和第五章为全书的主体部分。第四章为本研究的核心部分,旨在在意义进化论的理论框架下构建典籍英译模式。在对典籍英译研究的成果进行简单回顾及分析其存在问题后,分析典籍英译过程的特点,在此基础上构建典籍英译过程模式。模式构建部分首先厘清该模式研究所属范畴和该模式所要解决的问题,再进一步分析该模式的独特性,最后具体阐述该模式图的五个具体操作步骤。

  第五章为个案分析研究。以《中庸》英译为例,参照已有的权威《中庸》英译文本,通过实证研究的方法,具体分析本校40名MTI学生运用模式图五个操作步骤翻译《中庸》核心概念、小句和篇章的过程,检验所提模式的可行性和可操作性,并进一步根据翻译结果和相关问卷调查重新思考典籍英译过程中的基本问题,同时对所提出的模式进行改进和完善。

  第六章为结论,总结全书内容,概述研究结论和价值,并反思本研究的不足与局限,展望未来研究的方向。

第二章　意义进化论

Halliday 最早在 1992 年发表的论文《你如何表达意义?》("How Do You Mean?")中提出意义进化论。Halliday & Matthiessen 在 1999 年合著的《通过意义识解经验——基于语言研究认知》(*Construing Experience through Meaning: A Language-based Approach to Cognition*)一书中进一步阐述和发展了意义进化论。

Halliday 在措辞上选择用意义进化论(the evolutionary theory of meaning)而不是语言进化论(the evolutionary theory of language),表明他作为一个功能主义语言学家关注的不是"传统的语系研究者所探讨的语言的结构特征或语符的表现特征(如音子、音位、音调等),而是要从系统功能语言学立场出发阐述语言在人类构建和维系社会关系过程中所起的作用",关注的是"语言符号所实施的社会功能的进化过程"(严世清,2012:46)。

意义进化论的提出是 Halliday 等人面对当代语言学发展的新动向所做的反应,也是系统功能语言学派理论发展的新结晶。Halliday & Matthiessen (1999)对当代语言学界的所有热点问题都从意义进化的角度给予了论述,如认知语言学、生成语义学、真值条件语义学、歧义、隐喻等(严世清,2012)。

尽管如此,除了严世清(2002,2012)、丁建新(2009)、杨雪芹(2012)和赵霞(2012)对意义进化论有过较为系统的讨论外,国内其他学者对其关注较少。严世清认为,"可能受 Halliday 和 Matthiessen 关于时间维度提法的影响,一些青年学者认为意义进化论的核心是为语篇分析提供理论框架,而种系发生层面的进化因缺乏考古学依据而无法甚至不必要开展研究,从而大大低估了该理论在系统功能语言学中的地位和价值"(2012:46)。我们认为,即便是在语篇分析层面,意义进化论的价值仍有着巨大的挖掘潜力,如本课题所要研究的其对翻译学科理论构建的意义。在下面的讨论中,笔者将从意义进化论的维度、理论基础、重要概念、与系统功能语言学中其他重要思想(如语法隐喻之间的关系)等方面剖析意义进化论的方方面面。

2.1 意义进化论的三个维度

意义进化论提出之初,其核心思想便是要从"种系的进化(phylogeny)、个体进化(ontogeny)和逻辑进化(logogeny)三个层面阐述人类语言从原始向现代语言进化及传承的过程"(严世清,2012)。Halliday & Matthiessen(1999:18)合作的著作呈现了三个层面进化之间的关系图(图2-1)。

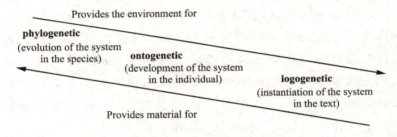

图 2-1 意义进化论的三个维度

该图定义了意义进化论三个层面的具体概念:种系进化——物种系统的进化;个体进化——个体系统的发展;逻辑进化——篇章系统的体现。同时用"环境"和"原材料"两个概念说明三个层面之间的关系是自上而下提供环境、自下而上提供原材料的关系。

2.2 意义进化论的理论基础

严世清(2012)详细阐述了意义进化论的渊源,他认为意义进化论至少汲取了生物科学、Vygotsky的社会构建主义、中国古代阴阳学说等理论的营养。

2.2.1 生物科学

说到"进化"一词,人们自然会想到达尔文的进化论。的确,Halliday 提出的意义进化论受其影响显而易见。有关意义进化论三个层面的前两个,经严世清(2012:47)考证:"logogeny 一词是由 Halliday 创造的,其前缀 logo-表示语言、逻辑、语篇等含义,后缀 -geny 则显然指'创造'或'进化'。"他还指出,"在咨询生命科学领域的相关专家后发现,Halliday 等人在阐释意义进化机制时也借鉴了生物学界的有关理论"(2012:47)。

Halliday 关于人类语言早期进化的机制与进程的假说受到生物科学家关于种系发生和个体发生的研究的影响。虽然语言无法有像生物科学界的化石那样的考古学依据,但 Halliday 等人认为可通过研究儿童个体语言的发展过程来推知语言种系发展进程。Halliday 在阐述种系发生层面的意义进化模式时指出,意义进化的最初性状是所谓的哺乳动物式的体验模式(the mammalian experience)",起初"表达层面(the plane of expression)和内容层面(the plane of content)表面上看是对立的,实际上是统一的";在后来漫长的进化过程中,通过词汇语法系统的发展,两者之间才"不再是原始语言形态的那种一对一的关系。然而"无论是内容还是表达形式都是根源于人类经验的,是人类意识的产物,至多是可以被人们所感知的现实而不是游移于人类意识之外的现象"(严世清,2012:48),这也正是意义进化论所持的观点。

2.2.2 社会构建主义

社会构建主义指的是苏联心理学家 Vygotsky 的社会构建主义思想。Halliday & Matthiessen(1999)明确承认他们的意义观沿用了 Vygotsky 的建构主义意义观。严世清(2012)更是总结出 Halliday 的系统功能语言学的意义进化论与 Vygotsky 的社会建构主义思想在以下两方面有共通之处。

首先,"两者所使用的术语在内涵和外延上都有重叠之处"(严世清,2012:48)。例如,两者采用了个体进化(ontogenetic)和种系进化(phylogenetic)的概念来说明各自的理论。"在Vygotsky的理论中,这对概念被用来阐述人类认知能力和语言能力发展的过程及他们的关系;在意义进化论中,这对概念被用来阐述意义进化的两个维度。"(严世清,2012:49—50)

其次,意义进化论与社会建构主义思想对于语言性质、意义本质、语言与思维的关系、语言的发展等问题上有着相同的观点。两者都从社会文化的立场探讨语言和认知的问题,都将语言看作人类独有的能力,并且辩证而发展地看待语言能力的发展过程,因此Vygotsky的建构主义意义理论也被认为是意义进化论的理论渊源。

2.2.3 中国阴阳学说

严世清认为,"如果说进化论和社会建构主义理论分别从生物学和心理学的角度为意义进化论提供了理论依据,中国古代的阴阳学说则被Halliday & Matthiessen(1999)巧妙地借鉴来说明词汇语法系统作为意义的潜势的进化机制"(2012:50)。

阴阳的最初本意在辞书中一般都解释为日照的向背,向日为"阳",背日为"阴"。普遍认为将阴阳概念作为哲学范畴始于《易传》:"一阴一阳之谓道。"(宗白华,1981:110)太极图形象地表达了这个一分为二的观点(图2-2)。

图2-2 阴阳太极图

传统宇宙观认为,宇宙源自阴阳未分的混沌之气。无论是《易传》的"太极"观,还是老子的道家论都有类似的观点:"道生一,一生二,二生三,三生万物。万物负阴而抱阳,冲气以为和。"(《老子·四十二章》)阴阳学说对中国哲学有着重要的意义,被认为是"中国哲学中最早出现也最为根本的学说"(成中英,1991:137),是"中国最根本的宇宙观"(宗白华,1981:110)。因此也就不难理解,传统宇宙观中无论是"源于混沌"观、"气化生生"观、"有机整体"观,还是"时空合一"观都和阴阳学说密切相关,有着千丝万缕的联系。(侯宏堂,2003)

金开诚(2001:34)认为阴阳观有三重含义:"一是指阴阳两种元气,交媾而成万物。二是指不同的物性,如向背、明暗、虚实、刚柔、正反、上下、动静、凹凸等。三是指不同的事物,如天地、日月、男女、背腹等(以上指物),以及进退、得失、成败、增减、生死、消长等(以上指事)。"他进一步指出,"正因为阴阳'所指'很宽泛,所以便无处不在"。由于阴阳学说自身特性的强大说服力,阴阳观也被广泛借鉴和运用到除了哲学外的很多学科研究中,如中医学科领域。刘杨(2009)在其《阴阳文化内涵及其英译研究》一文中总结了多达二十条阴阳学说的特性:阴阳的对立统一性、互根性、消长性、阴阳转化特性、广泛性、包容性、互含性、多层次性、全息性、立体性、多维性、差异性、虚实性、变易性、阳清阴浊的特性、阴阳相对论特性、极反性、阴阳之间同性相斥-异性相吸性、阴阳的不平衡性和阴动为先阳后随的特性。虽然这里的总结并非条条精准,笔者也认为这里提及的二十条之间有重复、兼容性,但从另一个角度反映了阴阳学说特点的鲜明。吴全兰(2012)在《阴阳学说的哲学意蕴》中则将阴阳学说的特性简单陈述为两条:一、强调互补共生;二、追求和谐与平衡。在吴全兰(2012)看来,与其说阴阳互相对立,不如说是两者彼此消长、彼此进退、互补互需。笔者认为正是这样互补的特性吻合了系统功能语言学者强调的学科间互补的观点,而了解中国文化的 Halliday 作为系统功能的创始人,会想到用阴阳太极图来描述意义进化机制也就不难理解了。

词汇语法层的进化过程在系统功能语言学中被称作语符的进化(semogenesis)。Halliday & Matthiessen 利用中国的太极图来展示语符的内容层面和表达层面既互为体现、可相互转换,又是一个统一整体的关系。他们用图 2-3 呈现了这样的关系。

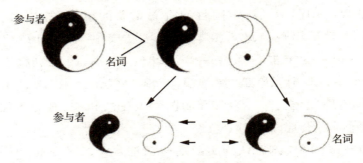

图 2-3　词汇语法层进化

从图 2-3 可以看出,如果从阴阳学说的角度分析,能指与所指是可以相互转换的,甚至级阶转移也可以是双向的,这无疑颠覆了传统语言学关于能指与所指关系这一核心命题的观点,也是西方逻辑实证主义所认为的语言与识解的二元对立理论无法解释的。然而事实上,两者之间的"转换不仅是可能而且是必须的"(严世清,2012:51),因为允许这样的转换,才能使"语言的词汇语法系统作为意义的潜势本身有着强大的不断发展的内在动力"(严世清,2012:51)。同时,这一观点也体现了意义进化论的核心价值在于这一理论能够动态地看待语言符号,是"从语言的角度来观察人类认知能力的发展,而不是从认知的角度来考查认知能力在语言中的反映"(Halliday & Matthiessen,1999:D11)。

2.3　意义进化论与语法隐喻

语法隐喻(grammatical metaphor)是语言重塑人类经验的重要途径(赵霞,2012),其在系统功能语言学的理论框架中的重要性显著。学者对于语法隐喻理论的介绍、评述的研究颇多,较系统全面的有朱永生(1994)、胡壮麟(1996)、严世清(2002)等。无论是对语法隐喻的理据、形式还是意义都有全面、深入的剖析。将语法隐喻理论运用到翻译研究中的学者也大有人在,如何伟、张娇(2006、2007)、束慧娟(2004)等。但无论是语言学家还是翻译学家,对元理论意义上语法隐喻关注更多的是概念隐喻和人际隐喻,而从篇章功能角度讨论语法隐喻的理论或是语法隐喻在翻译学科中的运用的研究则相对较少,除了朱永生、严世清(2011:38—49),张敬源(2010:117—125),而将系统功能语言学中这两个重要概念之间的关系进行全面探讨的是杨雪芹(2012)和赵霞(2012),她们的研究发现意义进化观是语法隐喻研究的新突破。意义进化论和从语篇功能探讨的语法隐喻理论之间有契合之处,在意义进化论的三个维度上都体现了语法隐喻的作用。

Halliday认为语法隐喻的语篇功能包括:分类、凝聚与过滤、指称、扩充、逻辑推导和语篇优化。朱永生、严世清(2011)进一步指出语法隐喻的语篇功能是多维度、多层面、动态的。在从原始语言到现代语言的进化过程中,通过凝聚和过滤功能,某些名称得以进化成功,再经过扩充功能被广泛使用,成为约定俗成的概念。因此,语法隐喻理论解释了传统语言学所认为语言是约定俗成的观点。在个体进化层面,原始语言是不必要也不可能存在语法隐喻的。只有发展到词汇语法层面,为了在脱离即时语境的同时可以重塑经验,人们才会自觉或不自觉地使用语法隐喻。Matthiessen(2010)用图2-4表示基于语义联系(semantics junction)下的词汇语法(lexicogrammar)和语义(semantics)之间的内在联系关系(interstratal relation)。

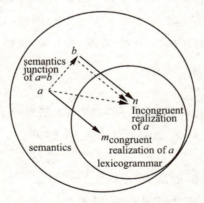

图2-4 词汇语法和语义

该图表明:在一致式情况下(非隐喻,congruent),语义范畴 a

由语法范畴 m 体现;在非一致式情况下(隐喻,metaphorical),语义范畴 b 由语法范畴 n 体现。

在意义进化论的逻辑进化层面上,"语法隐喻的逻辑推导、篇章优化功能无疑对谋篇布局,构建流畅的信息传递管道,强化其说服力都有着很重要的作用"。因此,可以说"意义进化理论是构建在语法隐喻理论基础上的一种意义理论"(朱永生、严世清,2011:49)。杨雪芹(2012)在其博士论文《语法隐喻理论及意义进化观研究》中也明确表述了语法隐喻理论对意义进化论构建的基础作用。

> 意义进化观是 Halliday 的独特的语言变化观,其独异之处在于他看待语言变化的视角和研究维度:他关心的不是语言形式的变化而是功能-语义的进化,即语言系统的意义潜势是如何得到拓展的;他研究意义进化的三个时间维度是种系进化、个体语言发育和语篇意义的展开。Halliday 的语法进化构成了他的意义进化观的一个核心内容,也包含了他关于人类如何认识世界的范畴化思想。他从人类经验识解的角度解析了意义进化的三个关键步骤:概括、抽象和隐喻,并且在个体语言能力的发展、人类知识的建构、语式的特征等几个方面找到一种平行对应的关系,这样也就打通了意义进化的三个时间维度并揭示了这三者之间的契合,而意义进化对语法隐喻的贡献之一在于在三个时间维度上都证明了语法隐喻的实存性。

另一方面,杨雪芹的研究同时发现,在意义进化论的观照下,语法隐喻自身理论体系也得到了进一步的完善。

> 具体表现在语法隐喻的定义、产生条件和工作机制在意义进化的种系维度研究中得到阐释。语法隐喻被重新定义成拓展意义潜势的主要资源策略,从这个新定位可以看出语法隐喻理论与意义进化观的紧密联系。满足理论上和历史现实

上两种条件语法隐喻才得以产生,前者是语法分层,后者是语言所处的定居文化、书写语的发展以及西方科学文明的历史现实。语法隐喻的工作机制则主要是语篇驱动、语义混合和群状出现。这种解释一方面帮助我们更好地理解语法隐喻的本质和功能,另一方面又再一次地演绎了语言功能对语言系统的塑造作用。

无疑,这对翻译过程中译文选择的启发意义也是巨大的。杨雪芹还指出,语法隐喻自身理论体系的完善还表现在语法隐喻的分类有了革新式的变化,原来的情态隐喻没有进入新的分类,而且新的分类主要是对概念隐喻进行细分。她认为,Halliday对语法隐喻进行了重新界定:不再将语法隐喻区分为概念隐喻、人际隐喻和语篇隐喻。

虽然语法隐喻与意义进化论有很多契合之处,但杨雪芹认为两种理论各自自成体系且无法相互取代。语法隐喻理论是Halliday从语篇的层面来描述和解释现代社会文化中标准书面语的一种意义模式。系统功能语言学所说的语法隐喻和认知语言学中的认知隐喻都揭示了意义的构建性和真理的相对性。意义进化论则反映了Halliday等功能语言学家对语言本质和意义变化的理解,为人们理解变化中的语言提供新的视角。两个理论都反映了功能学派语言学家对意义的理解和对语言与思维不可分割的坚信。人类通过意义识解经验。语法隐喻理论和意义进化理论不可互相取代,但相辅相成,它们共同揭示了语法所蕴藏的巨大意义能量及人类语言的威力。相互之间是一种相互嵌套、相互促进、相互提升的关系。

2.4 概念基块

概念基块是意义进化论中的重要概念。

Halliday & Matthiessen(1999)用经验现象(phenomena of experience)来表示意义(meaning)。人类通过识解经验认识世界,而概念基块(ideation base)是识解经验的资源(Halliday & Matthiessen,

1999:73)。任何可以被识解为人类经验一部分的事物都可以被称为现象。经验现象按照其复杂程度分为三个层次:序列(sequence)——最复杂,图形(figure)和成分(element)——最简单。下文将对这三个层次及其之间的关系进行说明。

2.4.1 概念基块的三个层次

2.4.1.1 序列

Halliday & Matthiessen 提出序列是语篇组织的一种原则。序列表现图形间的两种关系:扩展关系(expansion)和投射关系(projection)。

扩展关系指通过连接词建立两个图形的逻辑语义关系,构成一个序列,或者说是通过添加另一个图形来扩展序列。两个图形处于相同的现象层次。扩展的方式有三种:详述(elaboration)、延伸(extension)及增强(enhancement)。图形是一个成分有限的单位,而序列则可以无限扩大。

投射关系指的是将一个图形投射到二级层面,即符号层。被投射的图形以内容的形式投射出来,要么是意义,要么是措辞。前者被认为是思想内容,在说话人的头脑中体现出来,后者通过说话内容体现出来,一个被称为思想(idea),另一个被称为言辞(locution)。投射图形和被投射图形可以是平级的引述(quoting)关系,也可以是不同级的报告(reporting)关系。在引述关系中,两个图形是各自独立的,而在报告关系中,被投射图形依赖投射图形。(Halliday & Matthiessen,1999:106)

Halliday & Matthiessen 用了以下两个简单的例子来说明两种基本的序列类型。

(1) He said "I'll leave".

(2) He spoke then he left.

(Halliday & Matthiessen,1999:107)

句(2)为扩展关系,两个图形 He spoke 和 then he left 之间是平级关系,通过连接词 then 构成一个序列。句(1)为投射关系。两个图形 He said 和 I'll leave 是投射和被投射关系:被投射图形 I'll leave 依赖于投射图形 He said。因此,由扩展关系构成的序列是平等的(equal)序列,而由投射关系构成的则是不平等的(unequal)序列。

序列这一语义概念在词汇语法上体现为小句复合体(clause complex),但不是所有的小句复合体都是序列,也可能是图形。序列可以比小句复合体大。

2.4.1.2 图形

图形体现为小句(clause)。"图形是经验的一个基本片段,是现象的单位,由功能不同的成分构成。"(Halliday & Matthiessen,1999:D15)因此,从构成上看,图形是一个有机整体,是一个单位(unit),而序列则不是,序列可以无限扩展、投射。图形把经验识解为四个方面:行为(doing)(包括发生)、感知(sensing)、说话(saying)、存在(being)(包括拥有)。

系统功能语言学关于及物性系统的过程讨论,对这四种语义类型都有所呼应,具体表现为:行为图形在及物性系统中体现为物质(material)过程,感知图形体现为心理(mental)过程,说话图形是言语(verbal)过程,存在图形则是关系(relational)过程。(Halliday & Matthiessen,1999:134)不同的图形表现的过程参与者也不尽相同。行为图形的参与者是动作者(actor)和目标(goal),有时会有受益者(beneficiary)。感知图形的两个参与者是感知者(sensor)和现象(phenomenon)。说话图形除了有两个参与者——说话者(sayer)和受话者(receiver),还有说话内容(verbiage),有时还会有对象(target)。而存在图形有时只有一个参与者(Halliday & Matthiessen,1999:D16)。

图形也可以分为被投射(projected)关系和非投射(non-projected)关系。在非投射关系的图形中,一个参与者可以详述、延伸或增强另一个参与者:通过精密度、体现或示例来详述;通过组合成分、拥有或联系来延伸;用时间、空间、条件等环境来增强。被投射关系的图形,如认知和渴望类的感知图形,可以把思想投射为事实或存在;说话图形可以投射为非事实的思想和言辞。

2.4.1.3 成分

成分是图形的组成部分,主要有过程(process)、参与者(participant)、环境(circumstance)这三种成分,另外还包括可以让图形构成序列的连接词(relator)(Halliday & Matthiessen,1999:177)。在一致式情况下,过程体现为动词词组,参与者体现为名词词组,环境体现为副词词组或介词短语,连接词则主要体现为连词词组。

过程成分分为 phasal 和 non-phasal,由动词词组体现,是图形的中心成分,在英语中过程的一个重要特点是有时间(时态)的区分(过去、现在、将来)。体现参与者成分的名词词组可以分为事物(thing)和品质(quality)。事物在语义上比较复杂,可以在图形中承担各种角色。品质分为投射品质和扩展品质。副词词组体现的环境成分相对简单,即简单环境(simple circumstance);而由介词词组体现的环境成分则相对复杂,又被称为宏观环境(macro circumstance),因为介词短语本身可以被看作一个缩小版的小句(miniaturized clause)(Halliday & Matthiessen,1999:178)。环境也可以分为投射环境和扩展环境。连接词主要体现为连词,如 because,so,if 等,但同时可以有下列体现:(1)介词短语,如 in addition;(2)名词短语,如 the moment;(3)非限定性动词,如 supposing(that)等(Halliday & Matthiessen,1999:178)。尽管连接词的作用是体现了小句之间的逻辑语义关系,并实现序列,但连接词本身仍被看作小句的一个成分。

综上所述,概念基块可以识解日常生活中的经验,通过 Halliday & Matthiessen(1999:67)给出的图 2-5 可以更直观地说明概念基块三个层次。

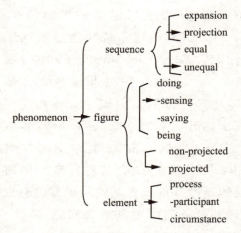

图 2-5　概念基块三个层次

序列、图形、成分在词汇语法上对应的体现也可用图 2-6 表示。

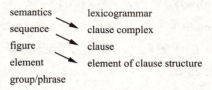

图 2-6　词汇语法对应

即序列体现为小句复合体,图形体现为小句,而成分体现为小句结构中对应的成分。

2.4.2　英汉概念基块比较

相对于英语的语法体系,汉语常常被诟病为是没有语法体系的语言,或者说很难像英语那样通过固定的语法规则来选择、评判或规约表达,而事实上早在 1898 年就有《马氏文通》。《马氏文通》被认为是最早的一部关于汉语语法的著作。其后经历了训诂、自觉、综合等阶段及模仿语法描述、理论与描述相分离的发展阶段,最终随着 1964 年 Chomsky 的转换生成语法被介绍到中国,汉语语法研究进入全面发展时期。20 世纪 70 年代开始,研究者们开始意识到仅从 Chomsky 的句法角度研究语言现象是远远不够的,于是功能主义的研究方法越来越受到汉语语法研究者的欢迎（Eden,2007:6-9）。这其中将系统功能语法运用到汉语语法的研究更加引人注目。Eden Sum-hung Li(2007)在其 *A System of Functional Grammar of Chinese* 一书中借鉴系统功能语言学的小句、及物系统、语篇生成等方面的重要概念详细构筑了汉语语法的框架系统。而系统功能语言学的创始人 Halliday 本人也一直保持着对汉语语言的关注，这在他的论文、著作中都有明显体现[①]，他和 Matthiessen(1999:297-319)的合著有一章专门对比了英汉语言的概念语义。既然通过分析概念基块是识解经验现象（即意义）的主要方法，而翻译的核心问题也是意义问题，那么 Halliday & Matthiessen 对英汉语言概念基块的对比研究以及 Eden 等学者系统功能视角下的汉语语法研究都无疑会对本研究有所启发。

根据 Halliday & Matthiessen 的研究，英汉两种语言具有人类语言的共性，也有一些相同的特征，英语和汉语概念基块的构建也有许多共同之处，同时也有一些差异。因此，我们认为这一方面成为英汉语言之间可以互译的基础，另一方面也为译者在做出适切选择时提供思考的角度。

Halliday & Matthiessen(1999:297-298)首先从历史背景的角度对比了英汉两种语言的异同。英汉两种语言的历史共同点主要体现在以下四个方面：(1)两种语言都经历了长期的发展过程。(2)两种语言现在所呈现的形式都经历了长期的发展过程，在这一漫长的过程中，两种语言最初和最主要的使用者都是农业制造者（agricultural producers）。这些使用者长期居住在同一地方，逐步发展了科技和与农业生活相关的社会机构。(3)两种语言都被书面记载下来。(4)两种语言都有文本类别的区分，如有口头艺术或是价值颇高的宗教文本。当然，从历史角度看，英汉两种语言也有着差异。两种语言处于不同的文化圈，物质环境不相同。具体看，英语出现于大陆中心的西进运动过程中，而汉语则和向东迁

---

① Halliday 讨论汉语语法的著作有：*The Language of the Chinese "Secret History of the Mongols"* (1959)；论文有：Grammatical Categories in Modern Chinese (1956)；Studies in Chinese Language (2009)。

移有关。汉语在东方文化圈基本有其稳定的中心位置,因此历史上受外来语言的影响小,新词的创新也基本是遵循汉语的词汇语法结构。而英语在这一点上则和日语相似,英语受外来语言的影响比较多,尤其是拉丁语、法语等。有一个有趣的现象,英语中的外来词通常词法复杂,而本土词汇的词法结构则相对简单。

  总体而言,英汉语言的差别主要在于(Halliday & Matthiessen, 1999:299 - 301):(1)虽然英汉两种语言的人称和名词指称语都体现在语法上,但过程、事物和品质的类别体现在词汇上,汉语是相(phase),更多采用词法手段,如切断(cut in two)、砍断(chop down)、看出来(make out by looking)等;而英语是时态,更多采用语法手段,如运用already, soon等时间状语来表达时态。(2)英语的词汇化意义是任选的,语法化意义是必需的,但汉语的词汇化意义和许多语法化意义都是任选的。举例说明,汉语的"火车"用英语表达可以是 a train, trains, the train, the trains,等等。(3)汉语倾向于避免使用不必要的特指。例如,英语的 Get on *the bus*! 汉语会表达为"上车!"汉语中不需要强调说"这辆"还是"那辆",也不需要指明所说的"车"是公共汽车,是火车还是马车。如果注意不到两种语言的这种区别,在进行两种语言互译活动时,就无法避免尴尬的翻译腔。(4)尽管在汉语的科技类等文本中,通过名词化现象实现语法隐喻的现象和英语中的情况一样突出,但语法隐喻现象并没有深入渗透到汉语的日常文本中。如下面这句英文是一个很地道的英文口语表达:They come in all size。这句话对应的汉语虽然可以字面对应为"各种尺寸都有",但更地道、更常用的汉语口语表达是"大的小的都有"。同样英语中 of great importance 的表达很常见,汉语会更习惯说"很重要",而不是"有很大的重要性"。

  从意义进化论概念基块的角度来比较的话,英汉两种语言的共同点主要体现在:概念基块的三个层次在英汉两种语言中的表现是一样的,都表现为序列、图形和成分。在语法上也都有相同的体现形式,即序列体现为复合小句,图形体现为小句,成分体现为小句结构的成分。当然作为不同的两种语言,概念基块的三个要素在这两种语言中也会有各自的特点①。

2.4.2.1 序列差异

两种语言在序列上的共同点体现在:(1)汉语和英语一样,序列的体现形式为复合小句。在书面语中,复合小句呈现为句子的形式;在口语中,英汉两种语言一样都需要确定复合小句的起始位置。两种语言中也都有必要意识到一些语法结构,尽管有些并没有明显的连接词。(2)从语义上看,两种语言根据序列之间的逻辑关系都可以分为扩展序列和投射序列。在投射关系的序列中,两种语言中思想和言辞的差别是一致的,同时在引述的投射序列中,两种语言的结构也是一样的,都有直接引语和间接引语之分。(3)英汉语言图形构成序列的逻辑关系基本是一致的,因此在英汉翻译中,从句法层面看,两种语言的序列对等是可能的,因为在一种语言中可行的图形结构在另一种语言中也同样行得通。(4)不同文体会偏爱不同的序列形式。(Li, 2007:69)

两种语言在序列上的差别主要在于语法层面:(1)汉语中的扩展序列之间通常没有"和"(and)这类的连接词,而是通过序列(书面语中即句子)之间的逻辑关系能够让读者意会。(2)由于汉语没有时态系统,因此没有时态序列,但也同时有表示时间的指称词的转换,如"明天""第二天"等,以及人称代词和指示代词的转换。(3)汉语中,小句之间的从属关系是通过标记从句而不是主句来构建的。小句的平行关系和从属关系之间的区分不如英语中那么明确,也就是说,如果两个小句中没有哪个是特别标明为从属句的,那么一般被认为是平行句。例如,"X 高,Y 低"这个序列中的两个小句("X 高"和"Y 低")之间的关系既可以理解为平行关系,也可以理解为"当 X 高时,Y 低"(此时"X 高"是从句,而"Y 低"是主句)。或者可以理解为"X 高,当 Y 低时"(此时"X 高"是主句,而"Y 低"是从句)。这一点可以给汉译英的译者启发:译者

---

① 关于两种语言在概念基块方面的异同总结,除特别夹注标明,其他内容均基于 Halliday & Matthiessen(1999:301-311)合著中的观点,笔者进行了归纳,并从英汉语言翻译的角度加以点评。

在构建译入语经验现象时,如何选择原文文本序列的解读方法,是把同一序列中的多个小句关系理解成并列关系、从属关系等便非常值得译者思考。(4)某些英语中的图形在汉语中必须重组。Halliday & Matthiessen 用了"臭名昭著的"(notorious)一词来说明 until, unless 等词。英语需要表达为 A not until/unless B,而汉语不能说"不直到……"或"不除非……",而是表达为"就"或"才"。例如,I won't tell you unless you promise.(你答应我就/才告诉你。)

总而言之,英汉两种语言在序列上的共同点是保证两种语言之间可互译的前提,而两者之间的差异则是进行汉英翻译(反之亦然)的译者尤其需要关注的,最主要的便是一个时态问题和一个小句间从属关系的问题。汉语的形散神不散的特点需要在英语中转变为句点位置明确、小句关系清晰(通过准确的连接词)、符合英语句法规则的译入语特点。让我们通过下面这个例子看一看英汉语言的序列异同对翻译实践的影响。

汉语原文:

2500 多年的吴文化熏陶,构筑了沧浪区浓厚的文化底蕴。区内名居旧宅、园林古迹星罗棋布。粉墙黛瓦、牌坊塔影的古城景色,"小桥流水人家"的小巷情韵,正在崛起的沧浪新城的宏大气魄,构成了充满活力的最适宜创业、人居的人间天堂。

英语译文:

The Wu Culture of over two and a half millennia has colored the cultural context of Canglang District that is dotted with ancient houses and classical gardens. The ancient atmosphere featuring white-brushed walls and dark-tile roof, old monuments and pagodas, small bridges spanning quiet canals, coupled with the booming modern Canglang New City, makes Canglang District a terrestrial heaven for business and living.

上面这个例子的译者在最大程度上保留了原文的序列特点：原文中的各个小句在译文中基本都有对应。同时根据译入语英语小句之间逻辑关系紧凑的特点，将小句"区内名居旧宅、园林古迹星罗棋布"处理为前一个小句的一个从句 that is dotted with ancient houses and classical gardens，从而标注了两个小句之间的逻辑关系。另外整合一些零散小句的表达，如"粉墙黛瓦、牌坊塔影的古城景色，'小桥流水人家'的小巷情韵"（The ancient atmosphere featuring white-brushed walls and dark-tile roof, old monuments and pagodas, small bridges spanning quiet canals）；"最适宜创业、人居的人间天堂"（a terrestrial heaven for business and living），从而使译文一气呵成。

如果说现代汉语中序列之间的逻辑关系和时态特点已经需要译者仔细思量，那么在汉语典籍作品中，这一难度则更加加深了，如《中庸》第一章内容：

> 天命之谓性，率性之谓道，修道之谓教。道也者，不可须臾离也，可离非道也。是故君子戒慎乎其所不睹，恐惧乎其所不闻。莫见乎隐，莫显乎微，故君子慎其独也。喜怒哀乐之未发，谓之中；发而皆中节，谓之和。中也者，天下之大本也；和也者，天下之达道也。致中和，天地位焉，万物育焉。

除了"故"可以揭示序列之间的因果逻辑关系外，其他逻辑关系不明了。因此对于汉英译者来说，面对这样的一个翻译任务，需要厘清序列间的逻辑关系，正确划分意群。中文原文的句点并不是英文译文的句点。将哪些图形（小句）归为一个序列当中，序列之间以扩展还是投射的关系来连接，都需要译者仔细思量。也因为译者对这些问题的不同回答，最终会呈现出多样化的译本。

2.4.2.2 图形差异

图形上，汉语和英语的共同点体现在：(1) 两种语言中都有四种主要过程：感知过程、言语过程、行为过程和存在过程。(2) 汉语的图形也主要是由一个过程和一些参与者组成，有时还有一些环境成分。(3)四种过程在及物性系统中的对应也基本一致(图2-7),尤其是在行为过程中,参与者角色基本相同。例如,"车子开了"(the car drives),"我开车"(I drive the car)。

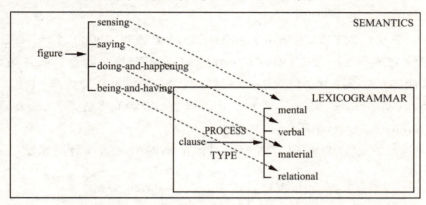

图2-7 图形过程(Li,2007:46)

两种语言在图形上的差别主要体现在以下四个方面:

(1)汉语图形的四个过程中,感知过程通常不像英语,有诸如 it pleases me, it reminds me 这样的固定结构,汉语则表述为"使我高兴""使我想到"。英语是综合表达法,汉语是分析表达法。

(2)英语中的时间在语法上识解为时态,而汉语语法中没有时态系统,但有一些时间副词在语义上表达了时间关系,如"已经""将来""昨天"等。汉语的时间在语法上识解为体(aspect)以及相(phase)(Li,2007:61)。英语的时态系统明确指明过去、现在、将来三种大类时间;而汉语的体表现的时间需要通过语境确定该过程是完成的(perfective)还是未完成的(imperfective)(Halliday & McDonald, 2004)。学者们普遍认为汉语的体系统中主要有四类揭示时间的小品词(particles):"了""过""着""在"(Li & Thompson, 1981; McDonald, 1998; Halliday & McDonald, 2004; Li, 2003)。

Halliday & McDonald 将汉语的体系统分为动词体系统和小句体系统两类。每一类又分为未标记的(unmarked),即中立的(neutral)和标记的(marked)两种选择。如果是标记的,又有完成和未完成之分,如:下面这组例子中,a 是未标记的,中立的;b 的两句是标记的,b1 是未完成的;b2 和 b3 则都是完成的。

a：我看报。
b1：我看着报。
b2：我看报了。
b3：我看了报。

英语的时态系统便可以揭示一个过程是否完成,而汉语中过程的完成需要通过后动词(postverbs)即相系统(phase)来实现。有两类后动词:中立(未完成)和完成。完成类的又分为方向性后动词(directional postverbs)(如上、下、进、起等)及结果性后动词(resultative postverbs)。(Li,2007:63)

Li(2007:59)给出了图2-8,可以清晰看出汉语的时间系统。

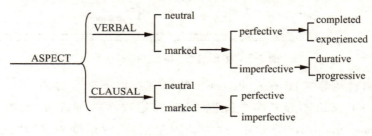

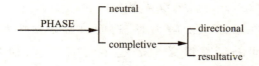

图2-8 汉语时间系统

(3)汉语中,品质常常已经体现了归属关系(be),如"我忙"(I am busy)。同时,在下列这类图形的识解上,英汉语言也不相同:"她头发长"(She has long hair);"我头疼"(I have a headache)。两种语言在这类图形上的共同点都是把人作为主题,作为图形的第一成分,不同的是英语把品质放入参与者,成为参与者的所属,而汉语则是将人疏远在句首并预设性地构建了品质。英语结构是隐喻性的。

(4)汉语图形中的环境成分比英语中的环境成分更为突出。在英语图形中,环境成分是间接成分,是附属与主过程的一个小过程,而汉语图形中这样的环境更具有过程的感觉。汉语中对应英语的介词可以是很明确的动词,本身可以构成图形,如"到"(to, reach);"他到了北京"(He has reached Beijing)。因此,汉语中这种由降级了的图形(downranked figure)充当环境成分的现象更为突出。关于这一点,Li(2007:33-34)总结出汉语中常用的揭示环境成分的动词及对应的英语介词(表2-1)。

表 2-1 汉语中常用的揭示环境成分的动词

extent; from … to	yóu … dào; cóng … dào
manner means	jīng; yǐ; zhào; zhàozhe; àn; píng, tōngguò, tòuguò
(by person)	jīng; yóu
comparison	bǐ, jiào; bǐjiào; jiàozhī; hé; tóng; yǔ; gēn
angle according to someone's opinion	zhào; zhàozhe; jù/gēnjù/àn/yī/yǐ… [(lái shuō/jiǎng/kànlái)]
according to a standard/basis	àn; ànzhe; zhào; ànzhào; yī; yīzhào; běn; běnzhe; jù/genjù; jiànyú; zhào; suízhe; zhàozhe; jiù … [lái shuō/jiǎng/kàn]
cause reason	yī; wèi; yīnwèi; yóu; yóuyú; chòng; chòngzhe
purpose	wèi; wèile; wèizhe
result	jīng
accompaniment comitative	tóng; yǔ; gēn; hé
additive	lián; liántóng
matter	duì; duìyú; guānyú, jiànyú; jiù; rènpíng; zhìyú; duì … [lái shuō/jiǎng]; jiù … [ér]
contingency condition	chúle; chúqù; chúkāi; chú/chúle … [wài/yǐwài/zhīwài]
role	zuòwéi
beneficiary	tì; gěi; wéi

2.4.2.3 成分差异

英汉两种语言在概念基块的三个层面上区别最大的地方体现在成分构成上。作为成分的两个重要部分:过程(process)和事物(thing),在语法上都体现为名词词组和动词词组。汉语的名词词组构成材料和顺序基本和英语中的名词词组一致,但有如下不同:

(1)汉语中表示事物的名词可以单独出现,如"树",英语对应可以是 a tree，the tree 或 trees。（2）汉语中有独特的量词现象（个、块、所、棵……），而英语中没有这样的对应。汉语中有四类量词：个体量词（individuative）、集体量词（collective）、数量量词（quantitative）、部分量词（partitive）（Li，2007：27）。

英汉语言在过程的语义构成上并没有多大不同，但在动词成分上的确存在不小的差异。英语的动词形式多样，有原型、第三人称单数、现在分词、过去式、过去分词等种种形式，并且动词可以通过时态体现时间，动词本身的词义已经表明是否完成，如 look for/find；而汉语的动词需要通过体来表现时间，如"已经""刚刚""正在"等；汉语动词需要增加表示结果或方向的相（phase）来揭示过程是否完成，如"剪断""来到"。

总体而言，在语义表征上，英语中事物比过程丰富。这可以体现在英语科技文本名词化现象中。英语语法隐喻的原则之一便是通过将过程重构为事物，从而能够系统地将过程变为类别，最终实现科技术语的抽象化。过程缺乏必要的稳定性。而汉语中则是过程比事物具体——在汉语中，对事物的表达基本相同，而对过程的表达则不尽相同。Halliday & Matthiessen（1999：310）就指出对应 carry 这一英语动词的汉语动词有 20 多个，而对应 cut 的汉语动词也有 14 个[①]之多（表 2-2）。

表 2-2　对应 cut 的汉语动词

切	cut
剁	cut(meat)，chop up
剪	cut with scissors
割	cut (grain)，mow
裁	cut (cloth)
削	cut (skin off fruit)，pare
修	cut (nail, small branches)，trim，prune
裂	cut (logs)，split

[①] Halliday & Matthiessen 的书中原文是 twelve verbs corresponding to "cut"，但后面列出的表格中其实有 14 个对应的汉语动词。

(续表)

劈	cut (firewood chips), chop
砍	cut (tree), chop
拆	cut (paper), slit
刺	cut (skin, flesh), slash, gash
刮	cut (flesh), nick
解	cut off, sever

通过对比,一方面可以看出意义进化论的概念基块理论对于分析除英语以外的其他语言的适用性,另一方面可以为英汉两种语言的互译研究提供可信服的理论支撑。两种语言在概念基块构建方面有很多共同点,尤其是识解的灵活性。不同语言对同一经验现象有不同的识解方式,而各种不同的识解方式的选择又基于概念和语篇,所以人们在不同语域中会优先选择某一种识解方式(唐青叶,2004)。下文将进一步探讨概念基块作为资源是如何在语言处理特别是语篇生成系统中运作的。

2.4.3 概念基块的生成与构建

既然意义基块是语言处理系统的重要资源,那么要识解语篇,就需要了解意义基块在构建具体"域"(domain)或在具体语篇生成过程中是如何运作的。

正如语义系统在功能上可以区分为概念、人际和语篇三大元功能一样,语言赖以生存的语境也是不尽相同的。系统功能语言学的语境观认为语境由话语范围(field)、话语基调(tenor)和话语方式(mode)三部分组成。系统功能语法的观点是将语言看作制造意义的"潜能"(potential),通过语篇呈现意义。语境和意义模式的关系在图 2-9 中可见一斑。

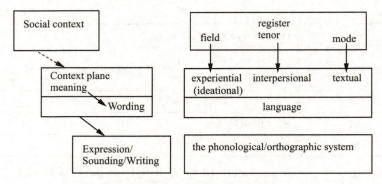

图2-9 语境和意义模式(Li,2007:13)

语场的特征是部署和组织概念基块(Halliday & Matthiessen, 1999:321)(图2-10)。语场分为两个层面：第一层面(first order field)是社会活动,如预测天气、介绍电话号码的黄页信息等；第二层面(second order field)是话题活动,如烹饪的材料及方法、国际旅行等。两个层面都影响着概念基块的部署。某一给定的语场由从概念基块中选出的类型组成,也就是说语场是语境投射出的语义形象。如果是宽泛定义的语场,那么激活的是概念基块中的大部分内容,如果是狭义的语场,激活的则只是概念基块中的某些特定部分。

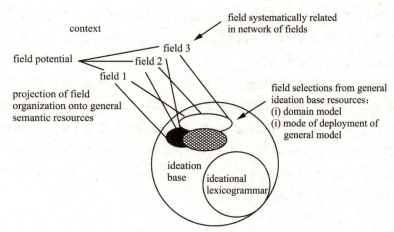

图2-10 语场和概念基块(Halliday & Matthiessen,1999:322)

语场在语义上的关联项是域,因此某一特定语场的概念语义组成一个域模型(domain model)。域模型是普通语义模型的变异,两者之间是示例关系。特定的域模型揭示了在特定的语境语场中整个模型中哪些语义系统被激活了(Halliday & Matthiessen,1999:323)。因此,在生成语篇时,对域模式的描述会揭示概念基块在哪些方面可能被激活、哪些被突出(唐青叶,2004)。Halliday & Matthiessen将天气预报和菜谱语料作为例子,通过分析概念基块的序列、图形和成分,归纳其语篇特征,探讨这两种语篇的词汇语法模式,并与语义系统相联系来说明概念基块在语场中的构建。笔者在后面对中国典籍作品的语篇特征讨论中也会采用同样的分析方法。

Halliday & Matthiessen(1999)认为语篇生成过程有三个阶段:情景确定(situational specification)、语义生成(semantic generation)和词汇语法生成(texicogrammatical generation)。他们还认为概念基块支持语篇基块。语篇信息是语篇基块的模式,同时概念基块的组织方式一定受制于语篇压力,因此可以解释当既可以说 that boy's hair is green,又可以说 that boy has green hair 时,人们会偏爱用 that boy has green hair,原因是英语中喜欢用整体作 carrier,部分作属性(attribute),也就是说喜欢把整体看作主题(theme)。这一点对汉英翻译过程中考虑如何选择最适合译入语表达习惯的译文时无疑有令人信服的启发。同时,语篇元功能是解释概念隐喻的有力手段:意义被分配到语篇中时,概念意义根据语篇组织的方式被重新识解,这也是自然语言和逻辑语言明显的不同之处——逻辑语言不会因语篇不同而有意思解释的不同,而是基本固定的规范模式。

2.5 为什么是意义进化论

对意义的研究,传统上有两种角度:一是逻辑——哲学角度,把语言看作规则系统,意义的基本单位是命题,关注句子成分、结构等语法现象;二是修辞——民族学角度,把语言看作资源,认为意义的基本单位是语篇,关注语境和意义潜势。Halliday & Matthiessen的意义观是一种互补的角度:偏重修辞的视角,但也考虑到逻辑哲学的传统，借鉴形式语义学关于指称、真值条件等研究成果，以及认知语义学所提出的概念语义学和对于概念基块组织的相关观点，对意义的方方面面进行全面探讨。由此也可以看出 Halliday & Matthiessen 提出意义进化论时的"雄心"（严世清，2012）。

　　上文对意义进化论的追根溯源，对该理论与系统功能语言学派中语法隐喻关系的讨论及对该理论核心内容——概念基块的详细阐述，都是为了说明选择意义进化论作为本课题研究的理论支撑的原因。借鉴语言学的研究成果来启发翻译研究的做法由来已久，语言学与翻译学科之间的合作从点、线、面各个角度深入展开（详见第三章），而本课题选择意义进化论，是因为该理论具有以下几个方面的优势。

　　（1）意义进化论的理论基础保证了该理论对翻译问题的解释力度。该理论对生物科学和社会构建主义的借鉴契合了翻译研究中对翻译活动描述的相关特点：对翻译活动的描述也是一个由最初依赖经验模式到理性表述而不断成熟完善的过程。翻译活动本身也是一个社会性的活动。中国阴阳学说可以大大增强"译无定法"这一翻译过程中无法躲避的现象的说服力。因为正如之前所说，阴阳学的理论允许了能指与所指之间的转换，从而使得"意义的潜势本身有着强大的不断发展的内在动力"（严世清，2012：52）。也正因为我们可以动态地看待语言符号，所以以此为载体的翻译活动中的"译无定法"现象就不足为奇了。当然，这并不是说翻译活动可以任意为之。关于这一点，下文会有详述。

　　（2）意义进化论与语法隐喻理论的契合增强了有关翻译问题解决方法的可信度。语法隐喻理论对翻译问题讨论的重要性无须赘述。意义进化论一方面以语法隐喻理论为其构建基础，另一方面进一步完善、发展了语法隐喻理论，因此我们有理由相信意义进化论对翻译过程中的问题可以有更好的解释，也可以有更好的解决方法。

　　（3）概念基块三个层次的划分提高了翻译过程模式的可操作性。本研究将所要识解的经验现象（在翻译过程中也就是待译文本)分为序列、图形和成分三个层次,通过对三个层次的一步步识解和构建完成翻译过程。借助这三个层次的概念,有助于清晰地表述翻译过程模式并增强这一模式的可操作性。译者可以在这一具体模式的指导下一步步解决翻译过程中的问题。关于汉英概念基块异同的对比研究成果一方面可以解释两种语言文本之间可以互译的基础,另一方面可让译者对两种语言之间的差异现象给予足够关注。

要解决"怎么译"这一黑匣子问题,需要有可以遵循的模式,需要有说服力的参数,而意义进化论可以为翻译过程的模式构建和参数确定提供可靠的技术支撑。

第三章 翻译研究

翻译过程研究是翻译学系统中的重要研究领域,因为"翻译学作为一门独立学科的系统发展,必然要对翻译过程研究有所突破。翻译过程研究是翻译学作为一个完整学科的重要分支,也是翻译研究的主体内容。"(肖开容,2012:3)下文在系统阐述翻译过程研究的成果之前将首先对翻译研究的语言学视角进行一个简要的回顾,以说明翻译研究的跨学科本质。

3.1 翻译研究的语言学视角

翻译研究从来没有停止过与其他领域研究的结合。Toury(2001:10)在《描写翻译研究及其他》(*Descriptive Translation Studies and Beyond*)中将翻译研究分为纯翻译研究(描写翻译研究和理论翻译研究)及应用翻译研究(翻译批评、翻译政策、翻译辅助手段等)两部分。Susan Bassnett(2004:16)则认为翻译研究应该分为四类:翻译史研究、翻译与译语文化研究、翻译与语言学研究、翻译与诗学研究。单从此分类就可以看出,翻译研究从来都不是孤立进行的。而历年来多位著名学者的撰文更是体现了翻译研究的多元化、跨学科的特点。在翻译研究所结合的众多学科中,文化和语言学两方面最引人瞩目。尽管翻译研究的"文化转向"(cultural turn)(Bassnett & Lefevere,1990)观点深得人心,甚至一度出现过几乎没有什么不可以成为研究对象、几乎没有什么不可以用文化理论来解释的泛文化的倾向(许钧,2012),但翻译研究的语言学方法仍然不容忽视,有不少学者呼吁翻译研究要回归本体,他们认为"从语言和语言学的角度研究翻译可以说是一种回归,一种必然的回归",因为"翻译的栖息地毕竟离不开语言,离不开文本,离不开结构"(王东风,2007:9)。

巴别塔的倒塌标志着人类翻译活动的开始,但翻译研究是在20世纪50年代语言学兴起以后才摆脱主观印象和点评式的研究形态(侯国金,2008)。从此语言学不断为翻译研究提供信息支持。Mona Baker(1998)在其主编的《翻译研究百科全书》(Routledge Encyclopedia of Translation Studies)中指出,很多翻译教材更倾向于依赖语言学的理论,尤其是篇章语言学(如 Nord,1988/1991)及系统功能语言学(如 Baker,1992)。Routledge 出版社自1992年起出版的 Thinking Translation 丛书也体现了语言学和翻译研究一直以来持续不断的相互关联。翻译研究会议和出版物中越来越多关注语言学视角的现象也许可以暗示翻译研究正在经历"语言学回转"(linguistic return)。我们虽强调语言学研究视角,但同意许钧(2012)的观点:翻译研究,无论是语言学研究途径、文化途径,还是女性注意研究途径,都不是排他性的或颠覆性的,其所谓转向也不是从根本上对前者的否定,而应该是某种补充、深化或丰富。下文将就翻译研究的语言学研究视角的历史渊源和影响翻译研究的语言学流派做一个简单的回顾,特别是系统功能语言学对翻译研究的影响。在此基础上进一步指出语言学视角下翻译研究的不足与问题。

3.1.1 历史渊源

Bassnett(2004:45)在其《翻译研究》(Translation Studies)一书中指出,"若介绍翻译研究,却未从历史角度审视该学科,那便不全面"。翻译研究的语言学方法源远流长。根据 Fawcett(1997)的观点,早在 Vinay & Darbelnet 1958 年出版的著作中便有了通过系统地划分语言学过程来研究跨语言的句子结构问题的第一次尝试,并提出了翻译策略分类(taxonomies)。翻译策略分类的提出给翻译研究带来了深远的影响,尽管如此,Fawcett(1997:50)认为,由于此分类是基于对比语言学的知识而非译者真正在实践中如何操作,因此并不能说明指导真正翻译过程的操作策略。

早期将翻译研究和语言学相结合的代表人物有 Nida、Catford、Jacobson 等。对国内翻译界来说,Nida 的名字再熟悉不过了。Nida 的翻译理论是在中国介绍得最早、最多、影响也最大的当代西方翻译理论(郭建中,2000)。正如廖七一在为侯国金(2008)著作所做的序,提到翻译研究开始步入 Nida 所谓的"翻译科学"时代,语言学途径也一度成为翻译研究的主流话语。谭载喜把 Nida 翻译思想分为描写语言学、交际理论和社会符号学三个阶段(1984)。而其思想中折射出的语言学的关联则体现在 Nida 对翻译中对等(equivalence)的界定,即著名的动态对等(dynamic equivalence)理论,后来 Nida 改为功能对等(functional equivalence),以避免翻译只要翻译意思而完全不顾语言形式的误解。Baker(1998:149)认为,Nida 希望基于转换生成语法及深层结构概念构建广泛意义上的翻译技巧。同样将"对等"概念作为研究核心的学者还有 Catford。与 Nida 想要借助 Chomsky 的语言学理论解决翻译问题不同,Catford 主要借助 Halliday 的"阶和范畴语法"概念来解释翻译行为(Kuhiwczak & Littau,2007)。

另一位早期代表人物 Jacobson 是著名的语言学家。他对翻译研究的贡献集中体现在他 1959 年发表的《论翻译的语言学问题》("On Linguistic Aspects of Translation")一文中。在这篇文章中,Jacobson"把翻译完全置于符号学的框架内进行考察"(郭建中,2000)。文章一开始便表达了不同于 Russell 对语言的看法。Russell 认为要理解词的意义,必须要有认知经验。而 Jacobson 则从符号学出发,认为人们对词义及整个语言含义的理解并不取决于人们的生活经验或对世界的认知,而是首先取决于人们对赋予词的意义的理解,也就是说词是语言中的一个语言符号(code),其意义是人们赋予它的,理解了人们赋予该词的意义,也就理解了语言(郭建中,2000)。基于这一典型的符号学的观点,Jacobson 将翻译分为语内翻译(intralingual translation)、语际翻译(interlingual translation)和符际翻译(intersemiotic translation)三类。Jacobson 还从符号学角度来解释翻译对等的问题,认为准确的翻译取决于信息(message)的对等。

早期翻译研究的语言学方法常常被后来的学者诟病为规定性研究(prescriptive studies)。既然翻译研究的目的是解释"什么是翻译"而不是规定"翻译应该是什么的问题"(Toury,2001),那么规定性的取向显然不能满足这样的研究重点,因此后来的翻译研究中的语言学方法更注重描述性的(descriptive)研究方法。

3.1.2 影响翻译研究的主要语言学流派

随着语言学各个分支的蓬勃发展,翻译研究和语言学研究的"联姻"也呈现出百花齐放的态势。研究者关注的范围也不再局限于词句的层面,而是逐步扩展至语篇及交际情景中的各方因素(邢杰 & 刘芳,2008:34),研究视角也更为广阔。纵观国内外的翻译研究成果,对翻译研究影响比较大的语言学流派有以下四类:语用学、认知语言学、语言哲学和功能语言学。

3.1.2.1 语用、认知和语言哲学与翻译研究

当传统的语言学(如转换生成语法)不能解决真实翻译中涉及的语境问题时,很多翻译研究者便把目光转向了语用学、符号学等相邻学科,希望能够解释翻译现象(Baker,1998:149)。国外主要相关著作有 Baker(1992)、House(1997)、Hatim & Mason(2001)、Hickey(2001)等。这些著作旨在利用语用学中言语行为、合作原则、礼貌原则、语义前提、语用前提、已知信息、新信息等重要概念,"帮助译者在译文的整体把握和细节处理上做出可取的选择""获得译文与原文之间的语用对等,从而在最大程度上使译文读者获得与原文读者同等的理解和感受"(Hicky,2001:V)。国内最有代表性的著作是侯国金的《语用学大是非和语用翻译学之路》(2008),旨在从宏观上开拓走向建立"语用翻译学"的道路(侯国金,2008:序言)。

在国外翻译研究著作中,将翻译与认知语言学相结合进行研究的是 Gutt(2004)的《翻译与关联——认知与语境》(*Translation and Relevance—Cognition and Context*）。作者率先将关联理论应用于翻译研究中,并指出翻译是一种言语交际行为,是与大脑机制密切联系的推理过程。它不仅涉及语码,更重要的是根据动态的语境进行动态的推理,而推理所依据的就是关联性。作为交际的翻译,在对源语理解和翻译的过程中,人们对语码的选择所依赖的也是关联性。随着近年来对认知语言学研究的不断深入,许多国内学者也开始将认知语言学与翻译研究相结合。国内期刊中运用认知语言学观点分析翻译实际问题的论文如雨后春笋般地出现。而从构建翻译理论高度系统地探讨这一问题的是谭业升的《跨越语言的识解:翻译的认知语言学探索》(2009),他在该著作中结合关联翻译理论和翻译图示研究的成果,利用认知语言学的基本理论假设,旨在创建翻译中意义建构的认知模式。

通过哲学的视角来探讨翻译问题的历史最早应该追溯到 Willard Van Orman Quine 的翻译不确定性。他对语言学习和语言意义持自然主义和行为主义的观点,他认为语言是一种社会性的而不是私人性的活动。只有根据人们公开对社会可观察的刺激所做出的反应的倾向才能解释语言的意义。正因为这样的观点导致了其翻译不确定的思想(郭建中,2000)。他的理论开阔了人们的眼界,但不能就此认为意义没有客观标准,翻译没有规则可循。因为他所说的翻译从更大意义上是局限于"原始翻译"(radical translation)的,是一种极端的情形,是语言的特例,因此从普遍意义上还是值得商榷的。而当代的学者则对运用语言哲学视角来看待翻译问题持更加乐观的态度,认为"翻译问题的根本解决、翻译学的真正建立离不开哲学的视野"(黄振定,2007:3),因此不乏学者继续挑战语言哲学这一高深领域。最有影响的是刘宓庆的《翻译与语言哲学》。这本书从语言哲学的角度对翻译的本位外位、主观客观、意义观点、翻译思维、翻译价值观等方面做了详尽阐述。黄振定的《翻译学的语言哲学基础》(2007)则通过梳理西方语言哲学观,回顾不同时期不同翻译观的合理性,论证当今应有的辩证翻译观(黄振定,2007)。

3.1.2.2 系统功能语言学与翻译研究

翻译研究的功能语言学视角主要以 Halliday 的系统功能语言学在翻译研究中的应用最为突出。虽然翻译研究本身有自成体系的德国功能派,但所主张的很多翻译观点中体现出的对语言的看法其实和 Halliday 的观点不谋而合。最典型的是都强调语言的功能。以 Nord(2001)为代表的功能翻译派所提倡的翻译目的论强调翻译应该有具体的要求,包括译文的功能、读者群和译文接收时间、地点、媒介及原文的创作动机,这一要求也与 Halliday 的语境论所强调的话语范围、话语基调、话语方式等有着千丝万缕的联系(束慧娟,2003:110)。博大精深的系统功能语言学"以其极强的科学性、客观性、实践性和强大的生命力与影响力已成为当今识解最主要的语言学学派之一",因为其"完整的思想体系和理论体系,对语言本质的深刻揭示,对语言系统和功能、语篇、语域、语境的高度重视",所以"对翻译的本质、翻译的标准以及翻译过程等一系列问题都有指导意义"(张敬源,2010:Ⅲ)。

只要简单考查一下系统功能语言学(systemic functional linguistics,SFL)的渊源及其主张,就不难理解系统功能语言学与翻译研究之间无法割舍的相互关联,也就不难理解为何翻译研究语言学派有诸多学者对系统功能语言学情有独钟。系统功能语言学最初受 Firth 观点影响,最终由 Halliday 等人发展成为一个全面的理论,其最具代表性的特点是它将 Malinowski 研究的情境语境(situational context)与文化语境(cultural context)的观点融合进了语言学研究模式中。而 Malinowski 关于语境研究正是基于他翻译实践的启发。这似乎是一个鸡生蛋或蛋生鸡的问题,但也更加说明了两者之间密不可分的关系。如果说 Malinowski 的影响从源头上解释了系统功能语言学与翻译研究联系的必然,那么对共同主张对意义的关注则从观点上解释了两者之间必然的关联。译者持续关心的问题终究是意义问题,那么将语言看作意义潜势的 Halliday 语言学也就自然能够提供决定原文成分和其与译文之间关系的解释性工具。具体来看,系统功能语言学将语言分为以下几个层次:语境

（包括情境语境和文化语境）、语义、词汇语法和音系（Matthiessen，1992）。高一级为低一级提供语境，低一级是高一级存在的基础。在系统功能语言学中，关乎小句层面意义的词汇语法层研究常常与关乎篇章层面意义的语义研究相关联。这也许是系统功能语言学理论与翻译研究密切相连的一个主要原因，因为如果译者不考虑小句层面的意义就不可能创造出文本，也就不可能译出连贯的译本。另外，系统功能语言学将语法看作描述词汇和语法选择（choice）的方法，而不是规约语法规则（rules）的途径。这样的观点无疑更容易被翻译研究者接受，因为译者翻译的过程充满了译者对措辞、句型结构等方方面面的选择。

  国内外受到这一流派影响，并将其与翻译研究相结合的学者颇多。在国外，翻译研究的功能语言学派代表有 Catford（1965）、Bell（1991）、Baker（1992）、Hatim & Mason（1990，1997）、Hatim（1997）、Munday（2001）等人。他们的翻译研究"很大程度上吸收了系统功能语言学的研究成果"，因为在他们的研究中"有大篇幅的论述都是关于 Halliday（1985，1994）提出的纯理功能，以及 Halliday & Hasan（1976）提出的衔接与连贯概念等"（张敬源，2010：2）。国内，通过功能语言学途径研究翻译问题的学者有黄国文（2002，2003，2004）、司显柱（2004a，2004b）、张美芳（1999，2000，2001，2005）、何伟和张娇（2006，2010）等。他们的研究涵盖了系统功能语言学的大部分领域，包括语境理论、纯理功能理论、功能句法理论、评价理论、语法隐喻理论等。运用这些理论对翻译问题的方方面面进行解释和描述，如翻译理论的构建、译文意义的表达、译文质量的评估标准等。这些研究成果无疑为系统功能语言学视角下的翻译研究提供了基本的方向、模式和目标参考。尽管功能语言学不断推动着翻译研究，并有学者认为"在翻译理论界已初步形成了一个事实上的翻译研究功能语言学派"（杨莉藜，1998），但仍存在问题和不足之处，这既广泛存在于语言学视角下的翻译研究本身的困惑中，也具体体现在功能翻译理论发展的过程中，因此也为我们进一步的研究提供了空间和可能。

3.1.3 问题与不足

王克非认为,"人们都信奉'他山之石,可以攻玉'。翻译历来所为,正是搬运他山之石,雕琢本土之玉,或反向往外搬运,功效亦然"(Roger,2005:1)。翻译研究的发展一定是得益于多学科的交叉发展,而语言学的研究方法更使翻译研究少了一点主观和随意。语言学对翻译研究启示重大,也有很多成功将两个领域研究相结合的先例。虽然翻译研究中的语言学研究方法仍然面临着挑战,但仍然拥有较大的研究空间。廖七一曾指出,翻译研究的文化转向似乎使人们淡忘了语言学这件研究的利器。他总结了语言学研究方法减少的三个原因:一是翻译研究的语言学途径的译介和研究的缺失。他认为不少译介学者对20世纪90年代以来的语言学途径的发展了解不多,对语言学途径的认识仍然停留在六七十年代,不了解西方翻译研究的语言学途径新发展。二是翻译研究的学者缺少系统的语言学训练及相关的理论素养。三是国内语言学家对翻译研究的淡漠。"很少有语言学家屈尊俯就翻译研究,更不愿将主要精力转移到翻译研究上来。"(侯国金,2008:ix)正如Peter Fawcett 在 *Translation and Language: Linguistic Theories Explained* 一书的前言中开宗明义所指出的那样,语言学与翻译理论之间有着"爱恨交加的关系(love-hate relationship),许多语言学家对翻译理论不感兴趣,一些翻译理论家也日甚一日地宣布语言学拿不出任何东西供翻译学科借鉴"(2011:vii)。

语言学研究方法运用到具体翻译问题研究上存在的一个问题是对翻译过程研究关注不够。许钧讨论过翻译研究的七大难题:翻译本质论、翻译过程论、翻译意义论、翻译因素论、翻译矛盾论、翻译主体论和翻译价值与批评论(许钧,2003)。对这七个问题的研究,都有从语言学视角探讨的部分。其中翻译过程研究是近年来西方翻译研究的热点问题(许均,2003),然而相对于翻译作品、翻译史以及翻译技巧的研究而言,翻译过程方面的研究则比较少(黄国文,2009)。除了经典的 Bell 模式,人们从语言学角度去探讨大脑在翻译过程中的实际运作还是心存余悸的,毕竟对此的描述还是很难具体化。也正因为此,翻译过程研究"对追求科学话语的翻译学者来说有着不可抗拒的诱惑力"(伍小龙、王东风,2004:52)。Gunilla Anderman 在《翻译研究指南》(*A Companion to Translation Studies*)(Kuhiwczak & Littau,2007)中给我们未来进一步借助语言学方法研究翻译问题提供了启发。他认为,"刚刚兴起的语料库语言学及继续通过对比分析寻求语言共同性(找到共同性,也就意味着找到差异性),两种路径将大有可为"(邢杰、刘芳,2008:34)。

系统功能语言学对翻译研究存在的局限在于目前的研究更多的是应用功能理论中"一些原理和概念来阐述翻译中的一些具体问题,比较零散"(张敬源,2010),有系统的实证研究相对匮乏。另外,正如笔者在第二章所提到的,相对于 Halliday 的其他理论观点,学者们对于意义进化论的关注较少,而将这一理论运用到典籍英译模式的分析研究更是近乎为零。因此,本课题在系统功能语言学的意义进化论指导下,探讨典籍作品翻译过程模式,并以本校40名 MTI 学生习作作为实证检验,从而希望对这些不足有所填补。

3.2 国内外翻译过程研究成果

尽管翻译过程是翻译研究的难点,但并没有阻止学者探索的步伐,因为对于翻译这样一项复杂的活动,如果不研究其"生产过程,我们就无法了解翻译的本质,无法对翻译活动有完整的认识"(丁烨,2010)。翻译过程研究不只是描述翻译活动的基本步骤和方法,同时需要探究译者的思维过程,当然后者的研究之路更为艰辛,但无论是对翻译操作过程的"静态研究"还是对译者思维过程的"动态"描述(李占喜,2007),国内外学者都有过可圈可点的尝试。丁烨(2010)和李占喜(2007)对翻译过程研究的国内外成果做过回顾,总结如下。

国外翻译过程研究的代表人物有:Nida, Steiner, Gutt,

Wolfgang Lorscher 和 Bell。Nida(1969)的研究借鉴了 Chomskey 的转换生成语法，Nida 认为翻译过程分为以下四个过程：分析(analysis)、转换(transfer)、重组(restructuring)和检验(test)。在这四个部分中，转换阶段的"心理机制至今是一个谜"(郭建中，2000：66)。Steiner(1975)也是将翻译过程分为四部分，只是他借助阐释学的理论把这四部分描述为：信赖(trust)、侵入(aggression)、吸收(incorporation)和补偿(restitution)。Gutt(1991)以关联理论为理论框架，把翻译过程看作认知推理的交际过程，是一种语际间引述(interlingual quoting)。他认为翻译过程是类似于直接引语和间接引语中的引述的二次交际情景(translation as a secondary communication situation similar to quoting in direct/indirect speech)。相比较 Nida 和 Steiner 对翻译过程的静态描述，Gutt 对翻译过程进行了动态研究的尝试。而对译者思维活动做出更有说服力研究的当数德国学者 Wolfgang Lorscher(1991)提出的"有声思维"的实证研究。他借助心理语言学的方法，通过"有声思维"，收集翻译过程中思维活动的数据，分析译者的语言选择策略和心理动机。同样受益于心理语言学的研究成果的学者还有 Bell。但 Bell 的翻译过程模式除了语义再现(semantic representation)部分，更多的是在系统功能语言学的基础之上构建的。

根据李占喜(2007)的考证，国内学者研究翻译过程模式的代表人物主要有张今、柯平、李占喜等。张今(1987)在唯物辩证法基础上，提出文学翻译的实践过程分为理解和表达两个阶段；柯平(1998)的研究则是基于符号学有关语义分析的相关理论，将翻译过程分为理解、传达和校改三个阶段。李占喜在运用 Sperber 和 Wilson 的关联理论及 Verschueren 的顺应理论的基础上尝试构建出一个关联-顺应的翻译过程模式。另外，肖开容 2012 年在其博士论文《翻译中的框架操作——框架理论视角的中国古诗英译研究》中则更为详尽地阐述了语言学的框架理论在翻译过程中的操作模式。

无论国内外学者对于翻译过程研究是基于哪个理论，也无论他们的研究是静态还是动态的描述，无疑都对解释这一"黑匣子"

之谜起到了巨大的推动作用。但我们认为,就全面清晰、可触可感方面来看,国外的 Bell 模式和国内肖开容提出的框架操作还是更具优势。

3.2.1 Bell 翻译过程模式

Halliday 曾说:"如果能用一个语言学模式来描写翻译过程,那会是非常有意义的。我们应该根据语言活动本身的模式来描写它,而不是以先入之见从语言研究领域外部去描写。"(Bell, 2001: F26) Roger Bell 的《翻译与翻译过程:理论与实践》(*Translation and Translating: Theory and Practice*)(2001)一书正是试图从系统语言学和语篇语言学的角度来研究翻译问题,努力寻求一种客观的方法去描写翻译现象。Bell 以系统功能语言学为基础,勾画了一个简单的翻译过程模式,并通过语义、语法、语篇分析表明任何翻译活动都要经过一个从源语文本到目的语文本的复杂过程。他成功地结合了功能语法中的语言三大元功能理论及主述位、及物性等理论,很好地将功能语法的研究成果运用到了翻译过程的研究中。

研究翻译问题时,人们首先会困惑于"翻译"一词的概念。英语的 translation 既可以指翻译过程,又可以指翻译结果,还可以是兼指过程和结果的抽象概念。汉语"翻译"的概念更为广泛,除了上面的含义,也可以指翻译者,既可以指笔译又可以指口译。因此不定义好这一核心概念常常会导致研究过程中出现混乱。Bell 在提出翻译过程模式之前,首先厘清了"翻译"的定义。他认同这一定义:"翻译是把第一种语言(源语)语篇所表达的东西用第二种语言(目的语)重新表达出来,尽量保持语义与文本方面的等值。"(Bell, 2001:5)王克非等(Bell, 2001: F27)认为这一定义和 Nida 所说的大同小异:"所谓翻译,是在译语中用最切近而又最自然的对等语再现源语的信息,首先是意义,其次是文本。"(Nida & Taber, 1969:12)对于翻译理论的态度,Bell(2001: F27)认为,"翻译理论应该是对翻译现象的一种解释""理论产生于人的脑海之中,是一种无形的东西。它是个人对某种现象或事物的理解和解释(可能是独一无二的)。当他要把自己的理论传达给别人时,往往需要通过模式化来实现。模式是对现象的外部的(而不是内部的)表述,是理论的具体化,是一种有形的(一个图表、一道公式或一个语篇)能代表理论的东西。"因此 Bell 将抽象的翻译过程研究模式化,可以给人可触可感的真实性,更有助于解释研究对象。

Bell 给出的翻译模式简图如图 3-1 所示(Roger,2005:33)。

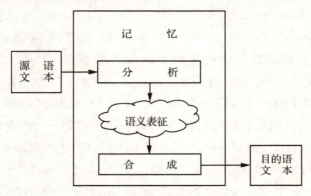

图 3-1　Bell 翻译模式简图

他进一步解释翻译过程模式是基于以下假设基础上给出的(秦洪武,2005:61—63):

(1)是人类信息处理这一普遍现象的一个特例。

(2)其模式化应体现它在信息处理这一心理学领域中的地位。

(3)发生在长时记忆(long-term memory)和短时记忆(short-term memory)中,途径是对源语(SL)语篇进行解码,经由不属于任何特定语言的语义表征,将语篇编码为目的语(TL)。

(4)在小句这一语言层面上操作,而不管该过程是分析输入信号还是合成输出信号(不管是单语的阅读和/或写作还是双语翻译)。

(5)既自下而上(bottom up)又自上而下(top-down)地处理语篇,通过串联(cascaded)和交互(interactive)作用这两种运作方式得以整合,也就是说不必在一个阶段的分析或合成完成之后才激活下一阶段,需要也允许进行修改。

（6）需要两种语言都有：

（i）一个诉诸视觉的词语辨识系统和一个书写系统。

（ii）处理情态系统选项(options)的句法处理器(syntactic processor),它包括一个常用词汇存储(frequent lexis store,FLS)、一个词汇搜索机制(lexical search mechanism,LSM)、一个常用结构存储(frequent structure store,FSS)和一个语法分析器(parser),由此信息进入或经过语义分析器(semantic processor),处理及物系统(TRANSITIVITY)中的可用选项并与语用分析器(pragmatic processor)交换信息。语用分析器处理主位系统(THEME)中的可用选项。另外还有意念组织器(idea organizer),负责跟踪并筹划言语行为在语篇中的推进(如果语篇类型未知,就根据可用信息建立推断)是执行计划并实现目标这一策略的一部分。负责目标设计和存储的是计划器(planner)。它负责建立计划并实现各种目标。其中一些可能涉及语言运用,如语篇处理。这可能包括翻译一个语篇,这个决定甚至可以在处理语篇里的第一个小句之前就已做出。

在以上假设的基础上,Bell给出了一个详细的翻译过程模式图(图3-2)。(秦洪武,2005:81)

Bell(2001:45)指出这一过程是非线性的,但是是一个整体。虽然每个过程都需要经过,但顺序并不是固定不变的,可以回溯、修改甚至取消先前的决定。这一翻译过程体现为两个部分:分析(analysis)和合成(synthesis)。每个部分又包括三个阶段的数据处理:句法(syntactic)、语义(semantic)和语用(pragmatic)。某些阶段可以迅速通过,如果所要处理的数据已经有常用的结构存储,例如,汉英两种语言的译者看到"不仅……而且……"的结构,会立刻激活常用词汇存储(FLS),迅速用not only ... but also ... 对应的英文短语。

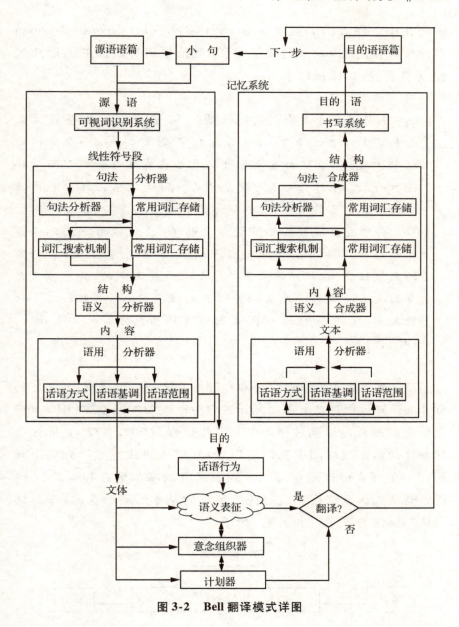

图 3-2 Bell 翻译模式详图

3.2.2 框架操作模式

翻译研究者对框架理论的青睐最典型地体现在 Snell-Hornby

的论述中。在她的著作 *Tanslation Studies: An Integrated Approach* 中,Snell"借用 Fillmore 的场景-框架理论来解释翻译的创造性过程"(肖开容,2012:31):

> 翻译是一个复杂的交际活动,涉及原文作者、兼做原文读者和译文作者的译者、译文读者的互动。译者从一个既定的框架出发,该框架由原文作者从自己已有的部分原型场景库提取而来。基于该框架,译者首先作为读者根据经验和内在知识建立自己的场景,并以非母语讲话者的身份,激活不同于原文作者意图或目标语言讲话者的场景(这经常就是翻译错误的根源)。以激活的框架为基础,译者凭借自己对目标语言的熟练程度,在目标语言中寻找合适的表达框架,其中涉及更多的决策过程。就是在翻译过程的这一阶段,译者构建了新的文本,而这一阶段一直被翻译理论所忽略(Snell-Hornby,1988:81)。

肖开容借鉴了框架理论对翻译过程的这一解释视角,并在分析翻译的认知过程基础上提出翻译过程中框架操作的模式(图 3-3)。他认为,"翻译的认知过程即框架操作过程"(2012:72)。原因是从翻译的认知过程图中我们可以看出,这一模式重点研究以下问题:"(1)译者借以理解原文的知识系统的基本形态和构成;(2)译者激活知识系统后形成的概念系统的基本形态和构成;(3)译者认知操作的方式"(肖开容,2012:22)。

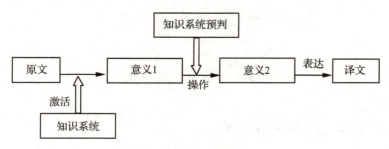

图 3-3　框架操作过程

肖开容认为译者的翻译过程实质上就是在概念层次上进行认知操作的过程(图3-4)。

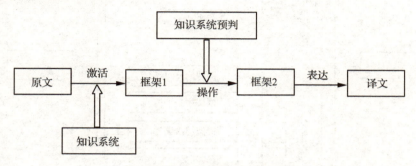

图 3-4　认知操作过程

译者在这一认知过程中,"通过阅读原文,以原文的语言形式激活头脑中的知识系统,获得框架1,框架1包括了有关原文意义的所有信息,然后根据目标读者知识系统的预判,对框架1进行认知操作,形成框架2,再通过对目标语言表达的选择,实现为译文"(肖开容,2012:59)。为了阐明框架的定义及其属性,肖开容在其研究中给出"房子"和"房间"的框架图来说明框架的层次性;而中英文结婚请柬则比较出框架的文化差异性。他进一步将从框架1到框架2的操作过程细化为理想化框架操作和非理想化框架操作两个类型。理想化操作可以在文化差异较少的情况下实现:当目标语文化中可以直接找到与源语言文化对应的框架时,可以实现框架1和框架2之间的整体对应和成分对应的理想化操作。而在翻译实践中,由于文化、文本类型等差异广泛存在于源语语言和目的语语言中,译者为获得符合目的语读者习惯的框架2(目标框架),对框架1(原文框架)进行必要的调整就变得不可避免,因此非理想化的框架操作在翻译实践中更为频繁。在此过程中,译者要么需要增删甚至更换原文框架成分,要么需要调整原文框架层次,抑或是改换或者更换框架间的关系或视角,甚至进行框架移植(图3-5)(肖开容,2012:66),唯有经过这样"无奈"的妥协,才能获得可以被目标语读者接受的目标框架(框架2)。

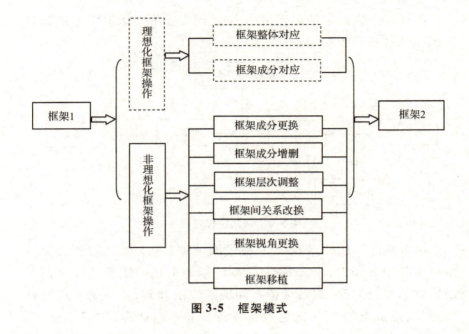

图 3-5　框架模式

3.2.3　贡献和不足

正如上文所说，无论是静态的视角还是动态的视角，国内外学者对翻译过程孜孜以求的探讨都为进一步讨论这一问题奠定了基础，而在本研究中，笔者侧重回顾 Bell 的翻译过程模式和肖开容的框架操作模式，一方面是出于两位学者贡献的模式、框架的可触可感优势，另一方面出于其研究成果和本研究的相关度，具体总结如下：

（1）Bell 翻译过程模式的提出是研究者将语言学的研究思路和成果借鉴到翻译研究中的成功实证，而用一个"科学"的模式来探讨翻译研究中棘手的"怎么译"这一过程问题，更是大胆的尝试。无论是 Bell 自己书中的法语小诗例证，还是诸如黄国文（2009）等学者运用这一翻译模式分析巴金的小说《春天里的秋天》中的一个自然段的翻译问题，都在很大程度上解释说明了这个模式的可操作性。相比较于其他语言学派，系统功能语言学派的研究成果给翻译研究带来了更多的启发。尽管以 Chomsky 为代表的形式语言学的转换生成语法理论曾经强烈地吸引了 Nida 等翻译研究者,他们的借鉴也的确"推动了翻译研究朝科学的方向前进"(Bell,2001:F30),并且至今机器翻译领域的研究仍需借鉴,但系统功能语言学所关注的语境、语用、会话含义、言外之意等理论以及意义进化论无疑对翻译过程中的难点问题有更大的解释力,因为翻译过程的核心便是如何翻译意义的问题,而功能语言学所关注的这些理论和翻译中对原文意义的理解、译文意义的表达都直接相关。从广义上说,Bell 翻译过程模式和本研究具有共同的理论基础。Bell 翻译过程模式很大程度上吸取了系统功能语言学的研究成果。而本研究也是基于系统功能语言学的创始人 Halliday 的新研究成果意义进化论对翻译过程进行进一步的探讨。无疑,这一理论的同源性使得 Bell 研究成果对本研究有着重要的借鉴作用。

(2)肖开容(2012:153)的研究按照"理论模式构建、理论模式验证、理论模式下问题解决的思路展开",这一研究路径和本研究过程不谋而合,也体现了这类研究方法的普遍性:归纳到演绎,提出假设到验证假设的思路。肖开容的框架操作模式中的非理想化框架操作的论述为一些文化信息负载较重的文本是否可译的问题提供了一个合情合理的解释。肖开容通过框架操作模式在中国古诗英译过程的应用分析得出结论,他认为,"从框架操作模式来看,诗歌的可译性潜藏于两个读者群的知识系统对比中,可译性是程度问题,与原文读者与译文读者的框架差异程度密切相关""诗歌翻译中的对等问题,从认知视角来看,是一个伪命题,即只有框架的对等和知识系统的对接,而没有完全意义上的所谓对等"(2012:155)。正如他所说,不仅诗歌翻译如此,"文化信息负载较重的其他文本形式翻译恐怕也是如此"(肖开容,2012:155)。这自然也包括本研究的案例分析对象《中庸》的英译。

当然,"我们不能期待有一种理论模式能够解释一切翻译现象和解决译者遇到的一切问题"(Bell,2009:F31),因此无论是 Bell 的信息加工翻译模式,还是肖开容的框架操作认知模式,都有进一步发展的空间。针对本课题的研究重点,笔者认为,在借鉴吸收以上两种翻译过程模式的基础上,本研究还可以在以下几方面做进一步的改进,即模式包含的阶段、模式检验、模式中使用的术语及模式的本土化。

(1)关于模式体现的过程阶段。Bell 的翻译过程模式是通用于所有翻译文本的,并没有突出特定文本的语言特点。而肖开容的研究尽管用到了中国古诗这一特定文本类型作为案例进行分析,以便验证其所提出的框架操作模式,但这一模式本身仍然是针对通用文本的,因此两种模式也就都缺少了针对典籍作品这类文本语言特点分析的内容。无论是强调语义表征的 Bell 模式,抑或是强调通过知识预判激活相应框架的框架模式,两种模式都体现了通用文本翻译过程中的三个阶段:理解、转换和表达。而针对中国典籍作品,在常规的语际翻译过程中更多了一个语内翻译的过程,也就是需要增加一个从古代汉语到现代汉语的转换过程。因此,本研究所提出的模式将凸显这一阶段。

另外,正如本章第 2 节所说,针对翻译过程的研究,大部分学者从两方面进行:对原文的分析理解和对译文的合成再现,而都未对检验部分给予充分的关注,除了柯平的研究(1988)明确提出了校改阶段。Bell 模式和框架模式也不例外,但笔者认为检验是翻译实践中不可或缺、有着重要意义的环节,一个令人满意的翻译过程模式必定需要对这一环节有所体现。"回译对译文的检验功效是其他方法无法企及的,因而回译在翻译实践中的重要地位也是不容怠慢的。"(冯庆华,2001:436)对"回译"这一话题本身的研究已引起了诸多学者的关注,正如张芳(2013)所考证的:自 1985 年至 2012 年,关于回译的期刊论文和硕士论文共计 120 篇,其中自 2011 年后发表的就有 110 篇。由此可见,回译研究已经在翻译研究领域中异军突起。目前,回译研究的应用已经逐渐扩展到语言对比研究、翻译研究、翻译策略、翻译教学、文化传播等多个领域。尽管如此,明确将回译在翻译过程模式中显现出来的研究几乎空白。虽然 Bell 的翻译过程详细模式图中通过回指箭头暗指了这一过程的循环往复性,但笔者认为,检验过程应该在模式图中更为凸显,因此本研究提出的翻译过程模式图将在这方面有所改进。同时需要强调的是,尽管学界对"回译"一词的定义有多种版本,但本研究遵循最通俗的定义,采用方梦之在《中国译学大词典》中对回译的定义:"把被翻译写成另一种文字的内容再转译成原文的过程和表述"(2011:97),英文对应为 back-translation。

(2)关于模式的检验。Bell 翻译模式的适用性是通过固有文本(一首法语诗歌)来检验的,其他学者(如黄国文)也是如此,如王克非所说"他所尝试创建的模式是否反映译者翻译过程中的心智活动,还有待进一步的检验"(Bell,2001:F31)。肖开容的研究在这方面有一定的突破。他通过分析中国古诗英译中的视觉化过程与翻译过程中框架操作的关系,部分地揭示了译者在创造性翻译时的心理活动。因为视觉化中的"场景就是框架内的心理意象"(Kussmaul,2005:382),所以"译者创造性翻译时,并不能直接从原文词汇到译文词汇"(肖开容,2012:34),而是要经过如图 3-6 所示的视觉化过程。

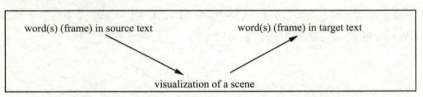

图 3-6　视觉化过程(Kussmaul,2005:382)

本研究则会在检验模式的论述中,通过对本校 MTI 学生译文的动态实证分析,以及有关其翻译过程的问卷调查(见附录),对这一问题提供一个更有说服力的论证。

(3)关于模式中术语的运用。肖开容提出的框架模式基本沿用了框架理论的术语,Bell 翻译过程模式则体现了系统功能语言学和人工智能的相关观点。系统功能语言学对 Bell 模式的影响体现在构建模式之前的一系列假设中,Bell 采用了功能语言学的及物性(TRANSITIVITY)、情态(MOOD)、主位(THEME)等表述;影响也体现在模式图中在对句法分析阶段,采用"小句"(clause)这一典型的功能语言学词汇。而在对记忆系统和语义表征部分的论述中,Bell 则采用了"分析器""合成器""计划器""意念组织器"等心理学词汇。在笔者提出的模式中将统一术语的使用,统一采用功能语言学中的相关表达,采用意义进化论中的相关术语,将Bell模式的分析源语文本部分具体为对文本这一经验现象所包含的序列、图形、成分三要素的识解;语义表征的过程更多强调语法隐喻对构建意义的作用;综合目的语文本则关注意义表达的多样性显现,凸显译者主体性的作用。

（4）关于模式的本土化。与已有的两个相对系统、完整的翻译过程模式相比较,本研究所要提出的典籍英译过程模式的最大特点是其本土性和"典籍"性。既然本研究旨在为中国典籍英译的过程提供一个行之有效的模式,如果形式上能够充分体现中国特色当然是最为理想的。这一愿望也不是空想。正如何刚强所说,"自家有富矿,何须效贫儿"[①]。当然我们并非赞成无视已有国内外研究成果,只是表明理论的创新需要研究者跳出只拿来的桎梏。博大精深的中华文明及意义进化论的东方视角都带给笔者充分的启发。下一章在梳理典籍英译研究的成果、存在的不足及分析典籍英译过程的特点后将重点提出本研究的假设,并分析这一模式的范畴、独特性、具体内容等问题。

---

① 源自何刚强教授2014年12月在苏州大学的讲座"自家有富矿,何须效贫儿"。

第四章 典籍英译模式的构建

中华民族拥有悠久灿烂的古代文明,拥有极其丰富和珍贵的文化遗产,其中包括大量的文献典籍。中国古代典籍作品浩如沧海、灿若明珠,传承着博大精深的中华文明。"中华文化典籍是世界文明历史上最博大、最宏伟的宝藏之一,中国的文、史、哲、理、工、农、医,几乎所有的学科都能够从中找到它的源头和血脉,几乎所有关于中国的新兴学科都能从这里找到它生存和发展的泥土和营养。"(汪榕培,李秀英,2006:2)典籍作品的重要性无须赘述,对于这个不只属于中华大地,更应成为全人类共有文化的宝藏,对其进行翻译的重要意义也是显而易见的,这一工作也自然成为中外翻译者的共同使命。尽管最初将中国典籍带出国门的多为海外汉学家,而且国内对典籍英译的研究相比较其他翻译研究起步也比较晚,但近年来越来越多的学者开始关注这一领域的研究。迄今为止,持续召开了八届的全国典籍英译研讨会更是提供了交流探讨这一话题的平台。文化多元化的 21 世纪,典籍英译的研究也不仅仅局限于微观的文本研究,而是呈现出多元性、开放性和跨学科性。典籍英译的实践和研究积极地从文学、美学、语言学等各个角度广泛地展开,不断寻找多学科的理论支持,而这也将成为典籍英译研究的趋势,因为只有这样才可以避免研究囿于随感式的评论或是基于个人经验总结这类支离破碎的议论。尽管如此,这一领域的研究仍然表现出比较随意、零散等不足之处。

4.1 典籍作品英译研究

4.1.1 研究成果

从《马可·波罗游记》开始,就不断有西方的基督教传教士、哲学思想家、文学艺术家表现出对中国文明的好奇与向往。意大利神父利玛窦作为基督教传教士的代表更是因其两个主要贡献促进了"西学东渐"和"中学西传"的发展:一是以拉丁文翻译了四书——《论语》《孟子》《大学》《中庸》;二是与中国明代学者徐光启合作将《几何原本》译成中文。黄中习(2009)在其博士论文中系统梳理了从古到今中西方具有代表性的典籍英译家们,并附诗句加以点评(表4-1)。

表4-1 具有代表性的典籍英译家

理雅各(英)	斗酒独翻道门典,炉香考译儒家经。
翟理思(英)	译典籍精华惠嘉后世,汇中西学术乐育新人。
卫三畏、卫福德(美)	汉学研究卫氏爷俩存伟绩,典籍英译翟门父子留英名。
韦利(英)	自学成才诗书画里成大器,勤研深探简明畅中译典籍。
霍克思(英)	诗能英汉,译有红楼。
葛瑞汉(英)	精译唐诗不让韦利,解读庄子可比郭象。
闵福德(英)	开翻鹿鼎记,续译红楼梦。
庞德(美)	传达孔子典自有文胆,创译渊明诗来由诗心。
白之(美)	编译文学选浣纱记,选翻牡丹亭燕子笺。
宇文所安(美)	评译文论鸿篇巨帙,研究唐诗踵事增华。
华滋生(美)	阅千年典籍,译入西汉史记;览六朝诗赋,翻出中国诗集。
辜鸿铭(中)	风流才子可愧柳永,典籍外译功对林纾。
林语堂(中)	放胆编译作,平心归去来。
杨宪益(中)	典籍英译高山仰止中外享誉,才子佳人曲径通幽远近美谈。

(续表)

翁显良(中)	是何意态雄且杰,不露文章世已惊。
许渊冲(中)	诗词翻译画龙点睛,典籍传通译笔生花。
汪榕培(中)	双手采撷西域文化,一心传译中华典籍。

黄中习的总结与点评揭示了从个人角度出发的主要典籍英译者的成就。从宏观上看,由于典籍英译作品在中国文化走出去方面的积极作用,国内有几项引人注目的工程(罗选民、杨文地,2012:63—64):

(1)《大中华文库》翻译出版工程。该项目从1995年启动开始延续至今,是经原新闻出版总署批准列入国家规划的重大出版工程之一。第一期工程包括汉英版89种170册已经出版;第二期工程多语种版(包括汉英、汉法、汉俄、汉阿、汉德、汉日、汉韩),第一批36种已经出版。(2)中国图书对外推广计划。该项目由国务院新闻办公室与原新闻出版总署发起,于2004年启动,已同美国、英国、法国、德国、俄罗斯等54个国家322家出版社签订了资助出版协议,涉及1558种图书33个语种。(3)国剧海外传播工程之百部国剧英译工程。该项目由中国人民大学、全国政协京昆室、中国外文局于2008年联合推出,包括100部国剧剧本。(4)2009年法兰克福书展中国主宾国图书翻译出版工程。在2008年至2009年期间,原新闻出版总署共资助了114本优秀中国图书,目标语种为英语和德语。(5)经典中国国际出版工程。2009年启动至今,原新闻出版总署已资助图书选题出版246项、800余种,"中国文学系列"和"中国学术系列"图书正在形成规模。

由此可见,典籍英译的实践成果的确可圈可点。尽管存在实践作品选材单一等问题(王宏,2012),但我们对于越来越多的学者愿意投身到这一高投入、低产出的事业中来的现象还是应该肯定和感到庆幸的。

对典籍英译的理论研究成果也是呈现出百花齐放、多元综合的特点。研究者们充分借鉴其他学科的研究成果,从多个角度探讨典籍英译中的问题,涵盖的问题包含典籍的界定、典籍英译与翻译教学(韩子满,2000)、典籍英译深度翻译类型(王雪明、杨子,2012)等,但最常见的还是探讨具体文本的英译技巧的问题,无论是不同文本的对比还是作者的心得,无论是小到一首小诗还是大到《红楼梦》《梦溪笔谈》等著作。从宏观视角探讨典籍英译理论问题的有付瑛瑛(2011),尝试把汪榕培的"传神达意"的典籍英译思想建构成一个使用于中国典籍英译的理论体系;黄中习(2009)以《庄子》为例,研究典籍英译标准的整体论问题;潘智丹(2009)以明清传奇小说为例,揭示英译规律并构建翻译原则和翻译模式。文军(2012)论述了编纂一部《中国文学典籍词典》的意义和必要性,并从宏观结构和微观结构两方面阐述了编写构想。无论是从典籍英译的实践作品还是从理论贡献来看,典籍研究都呈现出热闹非凡的繁荣景象,但存在的问题也很明显。

4.1.2 问题与不足

笔者认为典籍英译研究的进一步发展需要面对和解决以下问题。

第一,打破典籍英译不可为的魔咒。尽管典籍英译作品从数量上看是可圈可点的,但我们也必须清醒地看到目前被认可和被接受的典籍英译作品有相当一部分来自母语为英语的汉学家,以及一部分老一辈的中国学者,如汪榕培等,而年轻中国译者在这方面的建树并不多。人们也常常会质疑:中国典籍作品是否可译,尤其是对中国古典诗歌的外译问题,持怀疑态度者并不在少数。这似乎印证了长期以来西方译论家的魔咒:"翻译只能是从外语翻译到母语。"(马会娟,2013:14)尽管从母语到外语的翻译实践一直存在,但中西方译论长期关注的重点更多的是从外语翻译到母语。在中国翻译史上,无论是佛经翻译的代表人物玄奘的"五不翻"原则,还是主张直译的鲁迅倡导的以"欧化"形式保持原文风姿,又或是傅雷、钱锺书根据自己外译汉实践提出的"神似""化境"原

则,都是更多地从译入的角度论述。西方译界同样是更多地主张译入,如法国学者勒代雷(2001:126—127)指出,

> 用母语表达,优秀译者可以非常自如;相反,他的语言 B 和与其相应的外国"文化"可以说低于母语水平和他自己的文化,低于讲这一语言的和属于这一文化的本土人。用语言 B 工作,译者对对象国人民的文明、历史、风俗、文学、烹调和其他情况的了解不可能与本土人相比拟。

英国翻译理论家贝茨则更加犀利地指出译出翻译的不可靠性,因为很少有人同样精通双语:

> 要熟悉一种语言,必须长期居住在说这一语言的国家……真正能熟练掌握双语的人是不常见的。谁要说自己是个双语者,都可用这种方法去考考他:叫他想一想,在他所掌握的两种语言中,他是用哪一种语言数数,最能用哪一种语言说出炊具的名称和木工铁匠用具的名称,又用哪一种语言做梦。毫无疑问,大多数人都会发现,他们并没有同时或交替使用两种语言,而是使用一种语言多于另一种语言。因此,一般地说,一个人只可能对一种语言掌握到家,对于所有其他语言,再不陌生,也只是"像住旅馆,到不了家"。如果翻译有什么规则,那就是,译者只能拿母语当作译文语言。(谭载喜,1991:231—232)

此外,很多翻译教师、职业译者也倾向于教译入翻译、做译入实践。许多翻译机构和翻译协会也不提倡母语到外语的译出活动。比如,苏州大学外国语学院是联合国文件翻译的实习基地,MTI 学生拿到的翻译任务也都是英文到汉语的译入翻译,这或许也是呼应联合国在 1976 年大会上提出的"译者应尽量地译入母语或译入达到相当于母语水平的一门语言"(马会娟,2013:6)。由香港中文大学主办的、颇具影响力的"全球华文青年文学奖",其

中的文学翻译组所给出的参赛题目也都是从英文译入汉语。

如此看来,译出之路荆棘密布,更不用说典籍英译的译者面对的原文还因其承载着厚重历史因素而更增加了一道难关,典籍英译似乎是不可能中的不可能。但是正如马会娟(2013:7)所分析的那样,"译出翻译尽管有其特殊性和难度(译入语不是译者的母语),难以像从外语翻译到母语那样保证不出语言错误,但问题是翻译客户能否找到足够的、合适的译者来进行译入翻译?尤其是在英语成为世界语言,世界成为地球村的形势下,大多数非英语国家因经济、政治等原因需要将大量的本国材料翻译成英语,这些翻译任务能否全部由母语是英语的译者来承担呢?答案显然是否定的"。"翻译不是应该不应该的问题,而是社会必须面对的现实问题。"(马会娟,2013:9)还有很多学者也意识到由中国人来进行汉英翻译的必要性。尽管和母语是英语的译者进行合作翻译是一种比较理想的翻译模式,但一线的主力工作一定还是需要中国译者来承担,而英语母语译者可以在修改润色阶段发挥作用。蔡武(2007:109)指出,"在可以预见的未来相当长的一段时间内,只能依靠中国自己的翻译来挑起中译外的重担;主要由中国翻译工作者承担从事中译外的翻译工作几乎是我们不得不正视的'唯一选择'"。口译经验丰富的刘和平也认为中国的翻译市场上译员不仅需要将外语译成汉语,而且还不得不将汉语译成外语:

> 汉语目前在国际上还属于非国际通用语言。近些年,掌握汉语的外国人虽然与日俱增,但短时间内恐怕还不能满足中外各领域交往的需要,更不能满足向世界推广中国文明和文化的需要。将汉语翻译成不同国家语言的重任自然主要落在以汉语为母语的中国人身上。因为,在目前的中国翻译市场上,还不可能随时或同时找到合适的中国和外国译员,尤其是交传,用人单位还很少同时请两位译员工作,中外互译似乎是理所当然的事情。(刘和平,2008:61)

由此可见,"从母语翻译到外语的译出翻译由非母语人士来承担目前不是行不行的问题,而是一个必需的问题"(马会娟,2013:10)。黄友义提供的中国翻译协会调研信息数据更是说明了这一点。他指出,2011年,中国翻译协会的中译外工作量首次超过外译中,占当年的51%,同时预测2014年的中译外工作量会达到或超过60%①。汉英输出翻译尚且如此,典籍作品的对外输出任务则更需要母语为汉语的中国译者来完成,毕竟母语为英语的译者能精通汉语已属不易,要能够读懂对中国人自己来说都有难度的古代典籍就更是难上加难了,即便只是其中的一些中国文化理念,如"天命""和而不同""天人合一""中庸之道"等,因此典籍英译只能由中国译者来担任主力军。尽管任重道远,典籍英译者都只能知难而上,因为译者就是"一群傻里傻气的志愿者"(金圣华,1996),只为了能架起一座桥,让两岸不同文化的人们可以打声招呼。

第二,借鉴与创新典籍英译理论,平衡互补宏观理论与具体理论。典籍英译研究不是曲高和寡,可以也应该寻求众多相关学科的理论支持。既然"从不同的领域、不同的角度、以不同的方法论对翻译现象进行跨学科、跨文化的历时共时的动态研究,不同国家、地区译学理论研究的多元互补共存以及各国议论的接轨与融合是未来翻译学发展的总体趋势"(杨平,2003:3),那么我们当然应该以海纳百川的心态兼收并蓄。正如上文所说,典籍英译理论研究呈现出百花齐放、一片繁荣的景象。但在这样热闹的场景下,我们需要清醒地认识到,典籍英译理论研究有着明显的不足。

一方面,典籍英译研究对其他学科理论借鉴有余而创新不足。这一研究最典型的特点是采用拿来主义:借鉴某一领域的研究成果,拿来分析典籍英译中的问题。这样的研究方式当然无可厚非,我们也的确需要相关学科的广泛支持,本书的研究也同样借鉴了系统功能语言学新的研究成果——意义进化论、适用语言学等概念,但我们认为,既然典籍英译这一研究对象有其独特性,对其研

---

① 黄友义2014年6月14日在宁波大学和西澳学院主办的"翻译与跨文化研究新视野国际学术研讨会"上的主题发言:适应新变化,迎接翻译行业新挑战。

究就不能止步于借鉴阶段。研究者需要再往前跨一步,也就是说在借鉴的基础上有所创新,源于借鉴又不止步于借鉴。虽然目前典籍英译研究在方方面面都有涉及,并且视角广泛,但除了极少数如汪榕培的"传神达意"典籍翻译原则理论外,完全具有典籍英译特色的创新理论研究还是欠缺的。本研究用中国传统的阴阳图来构建典籍英译的过程问题,也是希望在借鉴语言学研究的基础上,在创新方面有所突破。

另一方面,虽说具有典籍英译特色的创新理论乏善可陈,但还有诸如"传神达意"类的宏观理论,而针对典籍英译中具体问题的具体创新理论研究就更是凤毛麟角了。例如,关于典籍英译的过程研究,除了黄国文借用 Bell 的过程模式分析过中国诗歌和《论语》的翻译外,相应的研究非常有限。而且黄国文的研究主要还是应用和借鉴层面。如果说过程问题是翻译研究的难点,那么典籍英译过程研究便是难上加难了,因为其过程不只是一种语言到另一种语言的转换,还增加了同一种语言之间的转换,即古代汉语到现代汉语的转换。也就是说典籍英译的过程既存在语际翻译,又存在语内转换。本研究认为要将一个相对复杂的问题解释清楚既不能只通过一个泛泛的宏观翻译理论,也无法通过只专注研究具体翻译实践的技巧和策略的微观理论得到令人满意的解释。此时需要一个介于宏观和微观之间的中观翻译理论(本章第三节将详述),需要有一个相对具体、有针对性的、某种意义上可触可感的理论框架才能具有说服力。因此,本研究尝试用图表形式展示这一过程也是出于这样的考虑。

第三,典籍英译的理论研究与实践也同样需要克服两者脱节的问题。关于"理论对译者有用吗?"这个问题,肯定回答应该是毋庸置疑了。Andrew Chesterman 和 Emma Vagner 合著的《理论对译者有用吗?》(*Can the Theory Help Translators?*)一书就"以独特的形式展开了一场身处象牙塔中的翻译理论研究者和劳作于语言工作面的译员之间的对话,"从而"结束了研究者或实践者自说自话的局面"(2006:i)。仲伟合更为直接地指出,"不懂翻译理论的译者一定做不好翻译实践"①。这一评述看似绝对,但通过本研究对40位MTI同学的问卷调查结果可以看出几乎所有同学都同意"合格的翻译实践者同时应该具有一定的理论素养"这一观点。由此可见,翻译理论对实践的指导作用是被广泛认可的,也说明了翻译理论的必要性。尽管如此,在典籍英译研究领域,理论与实践相脱节的问题依然明显。王宏(2012:11)认为,"目前的中国典籍英译界,理论与实践脱节的现象仍比较严重"。汪榕培和郭尚兴(2011:1)也指出,"从事中国典籍英译实践的人员多数不从事理论研究,他们对于翻译的见解多数见于译者前言或诗话式的片言只语之中。而从事翻译理论研究的人员,则基本上不从事翻译实践,主要是把西方的翻译理论介绍到国内来。"借用西方翻译理论来评论现有翻译文本的做法在汪榕培和郭尚兴看来"难免有隔靴搔痒的感觉"。为了改善这一状况,在本课题研究中,一方面努力构建具有中国特色的典籍英译模式,挖掘自家富矿。另一方面,对本校MTI学生翻译过程的问卷包含了在同学们实践翻译《中庸》的基础上,对我们所提出的典籍英译过程模式图的改进意见的问题,因此可以在一定程度上反映所阐述的理论框架与翻译实践的关系,从而弥补理论与实践之间的空白。因为一线实践者遭遇到"切肤之痛"(翻译问题),才会让这剂"药方"(相关翻译理论)发挥更好的效果(解决问题)。也就是Wagner(2006:ii)所说的,"在更好的描述的基础上建立更好的规定:产生更好的指导"②。

第四,典籍英译教学未能引起足够重视。作为全国典籍英译的基地,苏州大学从本科生高年级阶段,到MTI专业课程,以及学术型翻译方向都开设有典籍英译的课程。但从全国范围来看,韩子满(2012:76)认为,"虽然已有多部相关的教材出版③,但这些教材并没有被广泛采用,因为许多翻译教学单位还没有开设典籍英

---

① 仲伟合2014年6月14日在宁波大学和西澳学院主办的"翻译与跨文化研究新视野国际学术研讨会"上的主题发言——翻译专业教育:现状与发展。

② Leading to better guidance: better prescription based on better description。

③ 比较有影响的典籍英译教材有:(1)王宏印.中国文化典籍英译[M].北京:外语教学与研究出版社,2009.(2)汪榕培,王宏.中国典籍英译[M].上海:上海外语教育出版社,2009。

译课程。有关典籍英译教学的论文也比较少，涵盖的范围比较窄，一些重要的议题未能顾及。最明显的一点就是没有讨论专业翻译教学，特别是在翻译专业硕士学位（MTI）教学中如何开展典籍英译教学的问题。虽然有学者讨论了英语专业本科（刘荣强，2005）、翻译专业本科（周亚莉，2010）、翻译方向硕士（黄中习，2007）、翻译方向博士（王宏印，2003）及英语或翻译专业的本科、硕士、博士等多个层次（王丹丹，2010）的典籍英译教学问题，但对于MTI层次开展典籍英译教学的可能性和可行性没有人提及"。既然MTI是目前国内培养翻译人才最主要的形式之一，因此他认为，"不讨论MTI，任何有关典籍英译教学的讨论都是不完整的。而且，随着MTI教学的深入开展，MTI教学界也需要密切关注典籍英译这股热潮。"（2012:76）本课题以本校40名MTI学生作为实证研究对象，检验所提出的典籍英译过程模式的做法也正是弥补这一不足所进行的努力。

4.2 典籍英译过程特点

典籍英译的过程要复杂一些，需要有一个从古代汉语到现代汉语的转换过程。笔者在《诗歌翻译的隐喻视角》（2004）中已经从实践上增加了这一过程，将陶渊明的《饮酒（五）》和吴歌中的《子夜四时歌》的汉语原文到英语译文之间增加了现代汉语这一环节，具体如表4-2、表4-3所示。

表4-2 《饮酒（五）》古代汉语与现代汉语

饮酒（五）	
原文	现代汉语
结庐在人境，而无车马喧。问君何能尔？心远地自偏。采菊东篱下，悠然见南山。山气日夕佳，飞鸟相与还。此中有真意，欲辨已忘言。	居住在喧闹的人群中，却没有车水马龙的喧闹。要问我怎么能够做到这一点？心中平静就如居住在偏僻之地。在篱笆下采撷菊花，悠然地看着对面的南山。傍晚山色秀丽，飞鸟结伴而返。此间我感受到人生的真谛，却不知如何表达。

表 4-3 《子夜四时歌》古代汉语与现代汉语

子夜四时歌	
原文	现代汉语
昔别春草绿, 今还墀雪盈。 谁知相思老, 玄鬓白发生。	你离开时还是春光一片,绿草葱葱, 现在回来时,却已是白雪满台阶。 相思之苦催人老啊, 原本乌黑的两鬓已长出了白发。

更多的学者则是从理论高度总结了典籍英译过程的这一特点。黄国文(2012:64)认为,"典籍翻译通常要经过'语内翻译'(intralingual translation)和'语际翻译'(interlingual translation)两个过程";典籍翻译过程是"一个二度翻译过程,包括语内翻译和语际翻译两个阶段"(方梦之,2011:122),典籍"翻译过程增加了一个语内翻译阶段,原文为古代或近代汉语,译文为现代英语,中间为现代汉语"(杨自俭,2005:62)。

"语内翻译"和"语际翻译"这两个术语来自 Jakobson (1959:113),他提出翻译可分为三类:一是语内翻译,指在同一种语言之内以属于同一语言的某种语言符号去"翻译"(解释)另一种语言符号——如古代汉语到现代汉语;二是语际翻译,指在两种语言之间以某一种语言符号去"翻译"(解释)另一种语言符号——如汉语到英语;三是符际翻译(intersemiotic translation),指以一些非语言符号去"翻译"(解释)语言符号,或相反地采用一些语言符号去"翻译"(解释)非语言符号——如用图形去解释语言。

黄国文(2012)在《从语内翻译到语际翻译》一文中充分意识到了在典籍英译过程中语内翻译的重要性。他以《论语》为例,并且结合了 Bell 给出的翻译过程的简单图表来说明这个问题(图 4-1)。

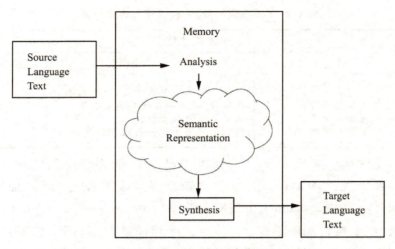

图 4-1 Bell 翻译过程简图

黄国文认为,虽然《论语》的有些译本没有提供经过语内翻译的现代文本,但译者在翻译过程中应该是有意识或无意识地经过了一个或更多的语内翻译过程;"如果翻译没有经过明显的'从文言文到现代汉语再到英译文'这样的过程,那语内翻译(如把文言文翻译成现代汉语)这一过程就发生在 Bell 上面那个图解中的'记忆'部分;译者在头脑中有意识或无意识地把源语(文言文)的内容处理和加工为现代语言,这一过程其实就是语内翻译。"(2012:69)笔者认为语内翻译这一过程在典籍英译实践过程中必不可少,也完全可以把这个过程增加到 Bell 所提出的普遍翻译过程模式图表中。另外,正如第三章所说的,本研究将修改 Bell 翻译模式详细的图解中使用的"计划器""意念组织器"等心理学词汇术语,结合意义进化论提出一个能够翻译典籍英译过程特殊性的具体翻译过程模式。下一节将重点阐述所要提出的典籍英译过程模式图所属的范畴、需要解决的问题、独特性和具体包含的内容。

4.3 典籍英译过程模式

4.3.1 模式研究所属范畴[①]

人类关于翻译问题的探讨由来已久。最早可以追溯到公元前一世纪的西塞罗、贺拉斯等及公元四世纪的圣哲罗姆。但直到 20 世纪 60 年代随着语言学理论的发展成熟,学者们才开始了系统的翻译研究。1964 年 Eugene Nida 在《迈向翻译的科学》中提出"翻译科学",从而"标志着翻译学逐渐成为一门科学"(肖开容,2012:1)。James Holmes 在其论文《翻译研究的名与实》("The name and nature of translation studies")中不仅提出 Translation Studies 作为翻译学科的名称(Holmes,2000),而且详细描述了翻译学应该包含的内容。以色列学者 Gideon Toury(1995:10)将 Holmes 描述的翻译学框架用图 4-2 呈现出来。

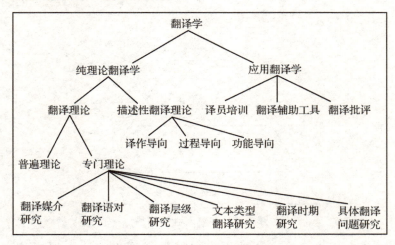

图 4-2 Holmes 翻译学框架

[①] 本节中关于"中观理论"的相关论述均来源于方梦之教授 2014 年 12 月在苏州大学外国语学院的讲座内容"中观翻译研究——宏微之间的视阈"。

从这幅图可以看出,关于翻译学中的纯翻译理论部分,Holmes区分了三个层次的翻译理论研究。第一层次为翻译理论和描述性翻译理论。第二层次为同属翻译理论下的普通理论和专门理论,以及同属描述性翻译理论的三个领域研究——译作导向、过程导向和功能导向。第三层次的六个方面研究都从属于专门理论范畴。具体包括翻译媒介研究、翻译语对研究、翻译层级研究、文本类型翻译研究、翻译时期研究和具体翻译问题研究。无独有偶,国内的翻译学者方梦之也将翻译理论的研究层次一分为三。

根据方梦之的考证,翻译研究中素有"三分法"——将事物一分为三的传统,无论是近现代的马建忠"善译论"中所融通的两个三分格局——语言、义理、神情和原文(作者)、译文(译者)、阅读(读者),或是严复"信、达、雅"的三元翻译标准,或是当代翻译家许渊冲提出的音美、形美、意美的"三美论"都渗透着"一分为三"的辩证思想。方梦之认为基于翻译实践基础上的翻译理论层次也可以"一分为三",依次为微观理论、中观理论和宏观理论(图4-3)。

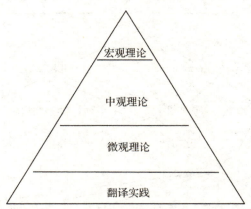

图4-3 方梦之金字塔图

方梦之在这个金字塔的图表中将翻译理论的三个层次都建筑在翻译实践之上,将翻译实践作为最广泛的理论构建基础,暗含了翻译实践的基础作用。与翻译实践和具体操作最为贴近的是微观理论层面的研究,也就是主要关注翻译操作的技巧或方法,旨在总结和提升实践经验。但方梦之也指出关于翻译技巧总结是否属于严格意义上的理论范畴这一问题,大多数译论家持否定态度。居于金字塔最顶端的宏观翻译理论也就是常说的翻译原理,主要研究翻译主体和客体之间的各种关系,包括作者、作品、译者、译品、读者、中介人。宏观理论涉及客观世界、评价体系和基本范畴体系,包括其本体论、价值观、方法论和认识论,是学科的灵魂,因此理所应当居于金字塔顶端。而居于中位的则是方梦之提出的中观理论研究,旨在为翻译过程顺利进行提供策略、模式(模块)、框架、方案等。中观理论可以由宏观理论推导出来,或由翻译技巧集约化、范畴化而得出,并可以在一定范围内通过具体的技法来加以实施。

虽然方梦之所区分的翻译理论三个层次并非完全对应 Holmes 所勾勒的纯理论翻译学的三个层次,但还是有契合之处。比如,Holmes 的翻译理论和描述性翻译理论的第一层次基本对应方梦之的宏观理论层面,而 Holmes 的第三层次也基本对应方梦之的微观理论。当然无论是宏观理论还是微观理论的阐述部分,方梦之的描述更为具体明确。而方梦之的中观理论的提法更是远胜于 Holmes 泛泛涉及的第二个层次,也更清楚地呈现了该层次理论的界限与范畴。中观翻译理论研究有其自身的优势。方梦之罗列了其四个特性:衔接性(宏-微衔接)、实践性、开放性和可复制性。我们认为其中的实践性或者说是其接地气的特性是其最大的优势。根据方梦之的界定,本研究要构建的典籍英译的模式研究显然属于中观翻译理论研究的范畴。

人们常常抱怨翻译理论不能联系实际,认为很多翻译理论假大空,无法切实地指导具体的翻译实践。前文也提到在典籍英译研究存在的问题中也有理论与实践容易脱节的问题。也有学者对翻译学构建持怀疑态度,如"翻译学是一个未圆难圆的梦"(方梦之引张经浩语)。笔者认为,中观理论观点的提出一语惊醒梦中人。方梦之指出,如果说翻译理论不能联系实际,更准确地说应该是"宏观翻译理论不直接联系实际,因为宏观理论的主要功能是认识功能、解释功能、批判功能、预测功能和方法论功能,它对翻译实践的指导往往通过中观策略和微观技巧来实现"。正如方梦之所说,在译学研究中理论和实践的矛盾关系有时被理解为对立或对抗的关系,但是增加一个中间视阈,即通过"中介"连接"对立",问题往往可以迎刃而解。"一切差别都在中间阶段融合,一切对立都经过中间环节相互过渡。"(方梦之引恩格斯语)中观理论研究的指导思想无疑为本研究的意义提供了更多一层的理据。我们所想要构建的典籍英译模式也是旨在能够具体指导翻译实践。中观研究不是一个全新的领域,但的确是一个未被系统探讨的领域,或者说没被译界研究者充分重视的领域,因此本书对典籍英译模式的探索希望能为这片领地带来一抹新绿。方梦之认为,"[应该]全面深入地进行中观翻译研究,特别在当前西方翻译理论资源匮乏、我国译论研究进展缓慢[的情况下],中观研究不啻是一服良方"。因此,这为我们研究具体的中观翻译理论增添了信心。

4.3.2 模式需要解决的问题

Nord(2006:168)提出翻译主要有四类困难:(1) 与文本有关的困难,即原文本身的可理解程度、语言表达等造成的"绝对"困难。(2) 与译者知识能力水平有关的困难,涉及译者的专业知识、语言能力、传译能力等。(3) 语用性困难,涉及文化规约、语用规则等方面。(4) 技术性困难,涉及影响到译者工作状况的技术细节。在典籍英译的过程中译者无疑也会遇到这四种困难。而区别于其他类型的翻译,典籍作品的翻译过程中会凸显出第一个困难,因为原文本的历史性会对译者造成巨大的挑战。而其他三类困难的焦点也都集中在译者身上。毫无疑问,译者是解决种种翻译困难的实施者,那么构建翻译过程模式又有何意义呢?

"模式"二字容易让人有过高期待,但人文学科的图表并不可能如理工科类的公式般可以做到一步步指导具体的操作步骤,因此我们想要尝试构建的翻译过程模式图并非要提供一个可以跟着做就有结果的公式,而是希望能够给译者画一个足够合理的圈,在圈的范围内跳出最美的舞姿。金圣华(1997:3)有过这样的描述:"翻译就像一座桥,桥两端,气候悬殊,风光迥异。两端之间原隔着险峻的山谷、湍急的溪流。两旁的人,各忙各的,世代相传,分别发展出一套不同的习俗风尚及语言文化来。有一天,这不同文化的人忽然想起要跟对岸打个招呼。怎么办,要渡过峡谷,不得不起一座桥。谁来起桥? 终于来了,一群傻里傻气的志愿者。"而这些"傻里傻气的志愿者"便是译者。余光中则将译者的角色描述为:"如果原作者是神灵,则译者就是巫师,任务是把神谕传给凡人。译者介于神人之间,既要通天意,又得说人话,真是'左右为巫难'。"(金圣华,1997:9)如果说汉语这端到英语那端的路途中有一座桥便可以,那么要让典籍汉语作品能够和现代英语世界打上招呼则至少需要两座桥的联通,而这样的"起桥者"或"巫师"也需要更好的手艺、更高的魔法;他们的任务更加艰巨,需要把来自远古的神谕传达给现今的凡人。如果说译者是起桥者、是巫师,那么翻译理论研究者则是打造/研发工具的人,为译者提供有效、可用的工具。翻译过程模式希望能够成为译者手中的利器,帮助"起桥者"找到真正的筑桥好材料、帮助"巫师"拨开迷雾、发现路标、找准正确的传递方向。如果译者是演员,翻译过程便是一场演出。为了使译者这个演员能够演出成功,获得最佳的演出效果,最大范围地得到观众(读者)的认可,就需要事先画好舞台范围,设置好必要的踩点,这也正是本研究构建翻译过程模式的意义所在。

4.3.3 模式的独特性

如前一章所分析的,译界不乏成功用模式图来展示翻译过程这一黑匣子问题的学者,他们的研究成果给了本研究信心与借鉴,而无可避免的不足之处也为本研究提供了进一步发展的空间。总体而言,已有的研究存在以下问题:普遍性有余,针对性不足;拿来借鉴有余,本土创新不足。因此,本研究尝试提出的典籍英译模式图在以下几方面有了区别于以往研究的特点:形式更本土,内容更合理,步骤更完善,术语更统一。

4.3.3.1 形式上采用黑白阴阳图

Nord(2006)否定传统的二段模式或三段模式(two/three phase

model），他认为不应把过程理解为原文到译文的线性递进，而应是一个环形模式（looping model）。肖开容的框架操作基本上是线性递进，不过中间强调了百科知识意义观，强调了知识系统预判在从框架1到框架2的操作过程中的重要作用。Bell（2001）的翻译模式部分地体现了Nord的观点，并指出，翻译过程是非线性的，虽然每个过程都要经过，但顺序并不是固定不变的，可以回溯、修改甚至取消先前的决定。尽管如此，Bell所提供的翻译过程模式图仍然是直角转弯的方正图形，而我们则从Halliday & Matthiessen运用东方文明中的阴图和阳图（图4-4）来说明词汇语法系统作为意义潜势的进化机制中得到启发，也可以用阴图和阳图这一极具中国传统文化特色的图形来解释典籍英译的过程问题。

图4-4 阴图和阳图

阴图和阳图有很多优势。首先，其形状可以更好地呈现翻译过程中各个阶段相互影响、互为参照的共存共生特点。这一点也吻合了阴阳学说强调互补共生、追求和谐平衡的特性。Halliday & Matthiessen用阴图和阳图来说明词汇语法系统作为意义潜势的进化机制，展示语符内容层面和表达层面既互为体现，可以相互转换，又是一个统一整体的关系。笔者也希望通过太极图来表明翻译过程各个阶段之间不是孤立的、线性的关系，而是一个统一的整体。环形的路径更有助于揭示，在从古代汉语原文到现代汉语，再到译文，再经过回译检验译文这一完整的过程中，各个阶段对于这个完整的圆形都是必不可少的客观事实。另外，阴阳图（图4-5）中强烈的黑白对比色可以醒目地提示原文、译文的角色。我们用阴阳图中的黑色部分表示典籍原文文本。黑色也暗示了对原文文本的理解是一个从黑暗的困惑中走出来的过程。白色部分表示最终获得的英语译文，从而暗含了典籍英译过程是一个在黑暗中孜孜以求、不断琢磨求索但最终可以拨开迷雾见天明的过程。从我们对 MTI 学生的问卷调查结果也可以看出,即便在我们没有详细解释这一过程模式中的相关概念的前提下,仅仅是视觉上的冲击,阴阳图的优势便得到了大部分同学的认可。在与 Bell 提出的翻译过程图表对比中,40 位同学中有 30 位同学更喜欢阴阳图,占 75%。

图 4-5　阴阳图

4.3.3.2　内容上打破固有对原文、译文概念理解的桎梏

Halliday & Matthiessen 从阴阳学的角度分析了能指和所指可以互相转换这一颠覆性的命题,也由于这样的命题成立,更好地解释了意义潜势不断发展的强大内在动力,体现意义进化论能够动态地看待语言符号的价值。用这一图形来说明典籍英译的过程问题则能够更好地突出典籍英译过程的独特性,即多一个从古代汉语到现代汉语的语内翻译过程。如下图所示,大图的阴(黑色部分 SL)可以分割为一个小的阴(sl1)和一个小的阳(tl1),这两个部分就是一个完整的翻译过程,即一个完整的阴阳图(有原文,有译文,有阴有阳);而这个步骤便是在典籍英译中由古代汉语到现代汉语的语内翻译过程。但是纵观整个典籍汉语到英语译文的过程,也就是最大的阴阳图所表示的,这个小的阴阳图都属于大图中的原文部分,即黑色部分。同样,大图中白色部分,即阳的部分(TL),也一样可以分为一个小的阴(sl2)和一个小的阳(tl2),而此时的 sl2 正是上一步骤中的 tl1,也就是现代汉语的角色在前一个阶段充当的角色是译文,而在第二个阶段充当的角色是原文。这样的转换关系笔者认为恐怕也只有中国博大精深的传统太极图才能给出最强的解释力了(图 4-6,表 4-4)。

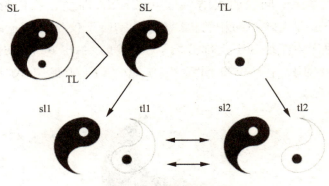

图 4-6　典籍英译过程简图

表 4-4　简图对应术语

SL：原文	= sl1：古代汉语原文
tl1：现代汉语译文	= sl2：现代汉语
TL：译文	= tl2：英语译文

4.3.3.3　步骤上强调回译的重要性

笔者用这个图来说明翻译过程，并不是要武断地说原文和译文之间可以完全互相转换，而是要突出回译在翻译过程中的重要性。也就是说译文的角色并非可以直接变换为原文，而是通过由译文到原文的回译过程，可以反观译文的效果；在这个阶段的过程中，译文（TL）短暂地充当了原文（sl）的角色，而原文（SL）在此刻成了参照的译文（tl）。大写字母表示它们真正的角色，小写字母表示它们暂时的角色。提到翻译过程研究，人们更多的关注点在于如何从原文到译文的单线过程，这其实和传统看待能指和所指关系的观点是一样的。而这里用太极图来表示，旨在揭示原文和译文的角色在某个时段是可以互换的，这样的互换是可能的，更是必须的，因为这样才能更客观全面地评判翻译作品的效果、可接受度等；也只有这样人们才不会只单一地关注原文对译文的单向影响。对当代文学的翻译中，译文和原文角色的短暂互换甚至可以最终影响最初的原文形态，这一点在葛浩文翻译莫言的小说时有明显的体现①。虽然在对典籍作品的翻译中,这样的角色转换不会改变原来的原文本形态,但可以帮助译者检验译文质量,并为译者思考更多的译文表现形式提供可能。

4.3.3.4 理论上以意义进化论为指导

第二章讨论了以意义进化论作为本研究的理论基础的依据在于该理论对翻译问题的解释力度,因为意义进化论的理论基础决定了这一理论对意义潜势的强调,从而可以解释语言不断发展的内在动力,因此笔者认为借助意义进化论思想指导的翻译过程描述可以更好地解释译无定法这一翻译中的固有特点,同时也是译文可以不断完善的原动力,因此也便于解释译者只能努力使译文无限接近原文,而永远无法达到完美的状态。该理论与语法隐喻理论的契合及将概念基块的三分处理也增强了本研究所要阐释的翻译过程模式的可操作性。因此,在接下来对典籍英译过程模式图的描述中,所有术语都将采用意义进化论中的表述。

首先,我们将太极图中黑白两部分都含有的那个小圆圈解释为原文和译文语言层面的内容,也是各自的核心部分。Ivor A. Richards 曾说:"翻译很可能是宇宙演化过程中迄今为止产生的最复杂的事件。"②(王宏,2012:xiv)而翻译过程则更加复杂,因为其"牵涉面更为广泛,影响翻译全过程(译前、译中、译后)的所有因素都可以囊括其中",这包括"作品和译者选择、译者的定位、译文属性、翻译策略、翻译标准、市场开拓等与文化、社会、权利关系、意识形态、赞助人、营销策略、科技手段等都有千丝万缕的联系"(王宏,2012:xiv),这些因素"相互联系、相互作用、相互依存、相互影响,构成了一个有机的整体或系统"(王宏,2012:xiv)。因此翻译活动也就不可能只是严格哲学意义上的符际翻译(intersemiotic translation),尽管语言转换是翻译过程中的核心内容。而这样的核心和

---

① 杨枫在 2014 年 5 月 13 日苏州大学做的讲座"莫言在翻译的魔障中登顶——为什么是莫言"。

② Translation may very probably be the most complex type of event yet produced in the evolution of the cosmos.

外围的关系可以通过太极图中的核心圆点呈现出来。我们将黑色部分整体看作原文的概念基块（SL ideation base），包括原文作者背景、时代背景、原文的读者群等所有正确识解源语文本各方面的内容。黑色部分的白色圆圈表示原文的概念词汇语法层（SL ideational lexicogrammar），通俗地说，也就是原文语言层面的内容。相对应的是，白色部分的黑色圆圈表示译文的概念词汇语法层（TL ideational lexicogrammar），而整个黑色部分表示译文的概念基块（TL ideation base），包括翻译活动的结果译文所需面临的种种状况，如译文文化特点、译文读者接受程度等。

其次，我们采用序列、图形、成分这三个术语作为描述翻译各个阶段的参数。正如第三章所说，Bell 的翻译过程模式可以简单地归结为对源语文本的分析和对译语的合成两个部分，同时每个部分又包括三个阶段的数据处理：句法、语义和语用。笔者将要提出的典籍英译的过程模式会借用分析和合成两个主要的部分，但不使用 Bell 的三个阶段说法，而采用传统的词、句、段的表达来说明每个部分的过程。从意义进化论的角度看，便是把原文文本和译文文本看作现象，对原文文本的分析包括对原文现象成分、图形和序列的分析，而对译文文本的合成过程便是对通过成分、图形和序列合成译文现象的过程。而典籍英译的过程与普遍翻译过程相比，又增加了原文言文本到现代汉语文本的语内翻译过程。也就是说典籍英译的过程是对原文言文本（phenomenon 1）的序列（sequence 1）、图形（figure 1）、成分（element 1）进行分析，通过合成现代汉语的序列（sequence 2）、图形（figure 2）、成分（element 2）获得现代汉语文本（phenomenon 2）的语内翻译过程，再对现代汉语文本的序列（sequence 2）、图形（figure 2）、成分（element 2）进行分析，最终通过语际翻译，合成译入语的序列（sequence 3）、图形（figure 3）、成分（element 3）而获得英文文本（phenomenon 3）的过程。笔者用圆形图来呈现古代汉语原文和现代汉语，而用框架形式呈现英语译文的三个要素，是为了说明汉语和英语语言的差异性：汉语松散，强调意会；英语紧凑，强调句法形式。（图4-7，表4-5）

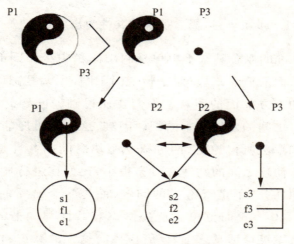

图 4-7　典籍英译过程图

表 4-5　过程图对应术语

P1:古代汉语原文	s1:古代汉语原文序列
	f1:古代汉语原文图形
	e1:古代汉语原文成分
P2:现代汉语译文	s2:现代汉语序列
	f2:现代汉语图形
	e2:现代汉语成分
P3:英语译文	s3:英语译文序列
	f3:英语译文图形
	e3:英语译文成分

4.3.4　模式图的操作步骤

在典籍英译模式图的操作过程中笔者需要厘清以下五个步骤的内容:(1) 三个现象/概念基块的共性;(2) 三个现象转换过程中,各自的序列、图形和成分的对应情况;(3) 语法隐喻在构建新的概念基块过程中的作用;(4) 意义表达的多样性问题;(5) 回译检验译文。

4.3.4.1　步骤一：以概念基块的共性为出发点

这里所说的概念基块不单单是阴阳图示中小圆圈部分的核心词汇语法层面的概念基块，而是整个阴阳图，也就是翻译过程进行时所包含的方方面面的因素。人们在探讨翻译问题时，习惯分析由两种语言之间的差异带来的翻译困难，这本无可厚非，但也正如笔者在第二章里所讨论的，两种概念基块之间的共性是进行互译的基础。即使这之间的共性有时会很小，比如在进行典籍英译时，但既然这项任务"不是行不行的问题，而是一个必需的问题"（马会娟，2013：10），我们更愿意首先发掘其共性与和谐的一面。因此在进行典籍英译活动之前，译者应该有这样的共识，在翻译过程中三个概念基块是可以互相转换的，即便是语际之间。本研究所提出的模式图用一个共同的圆来呈现这一活动过程中各个阶段也是基于对这一观点的认可："冲突和对抗并非人类发展的主旋律，中西方文化更多的是相似与和谐的一面"（卢克勤、张莉莉，2013：176）。一些学者讨论过中西方文化间共性的必然性及这一共性在语言中的体现。卢克勤等就通过对东西方文化中神的特点、创世与造人说、基督教与佛教的教义、罗马帝国与秦王朝及汉王朝、江山与美人等十个方面的历史对比发现，两种文化在风俗习惯、信仰、道德观、价值观及世界观方面有很大共性。马小麒则根据人类大脑的生理机能和达尔文的进化论认可这一认知共性具有的必然性及由此在英汉语表达中的影响。他指出，"人类大脑有着同样的生理机能，又具备相同的思维能力，因而对某些事物的认识是相同的或相似的。另外，根据达尔文的生物进化论，生物进化具有一般进化性，因此作为兼具自然属性和社会属性的人类在其文化的发展过程中必然会产生一定的相似性，会对某些事物产生相同或相似的看法。英语和汉语之间也有着必然的共同性。"（马小麒，2006：134—135）他进一步列举了以下英汉两种语言表达中的具体例子来说明两种语言在用动物做比喻时的相似性、在描述自然界现象和普遍真理时体现出的人类的共性认识和共同感受及在各自语言的习语、谚语发展过程中相互借用的现象（马小麒，2006：

134—135)(表 4-6)。

表 4-6　英汉两种语言中用动物做比喻的相似性

用动物比喻	
as sly as a fox	像狐狸一样狡猾
as timid as a mouse	像老鼠一样胆小
like a wolf in sheep's clothing	披着羊皮的狼
自然现象/普遍真理	
Time is money, but money is not time.	一寸光阴一寸金,寸金难买寸光阴。
Practice makes perfect.	熟能生巧。
Knowledge is power.	知识就是力量。
Failure is the mother of success.	失败乃成功之母。
Money makes the mare go.	有钱能使鬼推磨。
Great minds think alike.	英雄所见略同。
Beauty lies in lover's eye.	情人眼里出西施。
East or west, home is best.	金窝银窝,不如自己的狗窝。
A fail in the pit, a gain in the wit.	吃一堑,长一智。
A snow year, a rich year.	瑞雪兆丰年。
Strike while the iron is hot.	趁热打铁。
习语、谚语、俗语互借	
crocodile's tears	鳄鱼的眼泪
be armed to the teeth	武装到牙齿
to kill two birds with one stone	一石二鸟
chain reaction	连锁反应
既已跪下,何惜一拜。	When you bow, bow low.
纸老虎	paper tiger
和气生财。	A man without a smiling face must not open a shop.

王维平(2010)进一步分析了英汉语言在发展过程中出现的新词之间具有的共性。如两种语言中的新词都具有动态性、共时性和时尚性的共同特征。而两种语言新词在构成方式上的共性则更为明显:常常采用相同的构词方法如复合法、词缀法、缩略法、类

比法和借用法。王维平（2010）认为这样的共性说明了语言趋同和文化互渗两大趋势。这一观点在今天全球化交流日趋频繁的文化大背景下并不难理解，这样的文化和语言的共性也为人们顺利进行两种语言之间的互译活动提供了更多保障和条件。

正如第二章所论述的，从意义进化论的角度看，英汉两种语言的共同点还体现在概念基块的三个层次表现是一样的，也就是都表现为序列、图形和成分。需要指明的是，为了说明的方便，本研究中序列、图形和成分都只从它们各自在词汇语法层面的体现去讨论，也就是序列为小句复合体，图形为小句，成分为小句结构中对应的各个成分。这样的体现形式在英汉两种语言中也是一致的。正因为这样的共同因素，本研究在讨论典籍英译过程中三个现象时选择用各自现象中的序列、图形和成分三个层次作为讨论过程问题的三个参数。以相对静态的坐标（序列、图形和成分）来讨论动态的翻译过程，可以更清晰地解释这一问题。当然典籍英译过程中三个现象之间的三个层次不是完全一一对应的，下节将详述其对应情况和规律。

4.3.4.2 步骤二：寻求序列、图形和成分的对应

在前面的论述中，我们总结过 Halliday & Matthiessen 以及 Eden Sum-hung Li 对英汉概念基块对比的研究成果（详见 2.4.2），在此不再赘述。他们的研究中所涉及的汉语语言都是默认了的现代汉语，也就是本研究模式图中的现象 2（P2）。而由于典籍英译过程的特殊性，本研究将特别强调现象 1（古代汉语）和现象 2（现代汉语）之间序列、图形、成分的特点和对应情况，因此有必要探讨一下古代汉语和现代汉语的对比问题。

不少学者对于古今汉语的异同问题给予过充分的关注，有过全面系统的研究。早在 1981 年，杨烈雄就讨论过古代汉语翻译成现代汉语的语内翻译问题；紧接着曹津源（1982）讨论了文言文教学中的古今汉字联系现象。随后的研究成果不胜枚举。我们以"古今汉语"作为关键词在中国知网上的检索结果达到四千多条。这其中有以句式为视角的研究，如探讨古今汉语主题句之间的差

异(李强,2012;刘晓林、王杨,2012),或是考察古代汉语中的特殊句式(买鸿德、陈东皋,1985),抑或是比较古今汉语中的省略句情况(张桂宾,1993);也有从修辞学角度深入讨论古今汉语中都广泛存在的"言外之意"这一修辞现象的博士论文(陈丽梅,2012)。而从词汇视角进行古今汉语对比的研究最为广泛。无论是构词还是词性的变迁内容的讨论,都有不少研究论文,其中不乏博士、硕士论文中所呈现的系统全面的研究成果(麻彩霞,2008;高晓菲,2011;靳海强,2011;许建础,2012;李志霞,2012),更有集中阐述古今汉语高频字字频变化(刘芹芹,2013)或是方位词异同的研究(邱斌,2007),也有专门讨论某类专业词汇的研究,如对法律词汇在古今汉语辞书中的释义进行对比(唐雪艳,2012)。除了对古今汉语进行纯粹语言层面的对比研究外,很多学者的研究则是通过这一对比找到对其他相关方面更深层次的启发:对教学的影响(岳中奇,2003;杭咏梅,2006;王玉仁,2013);对从古代汉语到现代汉语的语内翻译过程的启发(管敏义,1996;韩陈其,1990)以及对语法规则的影响(陈颖聪,2007;王振来,2006;石毓智,2005)。更有研究希望通过对比古今汉语的特点最终构建起古今汉语的平行语料库(董志翘,2011;宋继华,2008)。

基于已有的研究成果,我们认为从意义进化论的视角来看,古代汉语在概念基块的三个层次上和现代汉语相比有如下特点:

(1) 序列上

首先,古代汉语文本中有时会出现序列缺失的情况,因此在古今汉语互译过程中无法做到所有序列的一一对应。其次,古代汉语文本在一些典型句式上有着不同于现代汉语的独特性,从而在语内互译过程中的调整也就必不可少了。最后,古代汉语的话题优先情况与现代汉语有异同之处。

序列的体现形式为复合小句,在书面语中通常表现为句子形式。而在某些古代汉语文本中,序列的功能会由图形来实现,如元代马致远的名诗《天净沙·秋思》中的诗句:"枯藤老树昏鸦,小桥流水人家,古道西风瘦马。"这三个诗句从严格意义上说不能被称为句子,而是9个名词:枯藤、老树、昏鸦、小桥、流水、人家、古道、西风和瘦马。在这个情况下,现象 1(P1,古代汉语)中的序列 1(Sequence 1)就隐身了,而是凸显为图形 1(Figure 1)。图形 1 在现象 2(P2,现代汉语)中则对应为序列 2(Sequence 2),其中包括三个完整的序列(s2a,s2b,s2c),如表 4-7 所示。

表 4-7 《天净沙·秋思》中的古代汉语图形

图形 1(Figure 1)	序列 2(Sequence 2)
枯藤老树昏鸦	s2a:天色黄昏,一群乌鸦落在枯藤缠绕的老树上,发出凄厉的哀鸣。
小桥流水人家	s2b:小桥下流水哗哗作响,小桥边庄户人家炊烟袅袅。
古道西风瘦马	s2c:古道上一匹瘦马,顶着西风艰难地前行。

如果所译文本出现这样的情况,从量化的角度来看,序列 1 和序列 2 的数量就不可能相等,通常是序列 1 少于序列 2,但相应的也许图形 1 就多于图形 2 了。虽然这种情况在典籍文本中并非个案,也为语内翻译的阶段增加了难度,译者不得不对最初的文本"动大手术"。但大多数时候,毕竟两者属于同一个语言系统,序列 1 和序列 2 在数量和形式上还是基本一致的。例如,序列 1 表现为判断句,序列 2 通常也仍然是判断句的句式。不过同一句式上一方面古代汉语和现代汉语会共有一些区别于英语的特殊句式;另一方面,古代汉语和现代汉语共有的句式也还是存在一些差异。下文将集中讨论以下几种特殊句式的情况。

① 判断句式

"判断句是古今汉语都具有的一种常见的、固定的句式,只是表达方式有所不同。"(买鸿德、陈东阜,1985:61)但如果说"古汉语中[判断句]最大特点是不用判断词"(祁保国,2009:35),这一论述过于绝对。我们认为在判断句上,古今汉语都有"直接名词+名词"表示判断的句式(表 4-8),虽然这一情况在古今汉语中都为数不多。

表4-8　古今汉语判断句式

古代汉语
荀卿,赵人。(《史记·孟子荀卿列传》)
刘备,天下枭雄。(《资治通鉴·赤壁之战》)
梁王、赵王、王之近属,贵重当时。(《世说新语·德行》)
高祖,沛丰邑中阳里人。(《史记·高祖本纪》)
现代汉语
今天星期五。
昨天晴天。
鲁迅[,]浙江绍兴人。
这位教师花白的头发。
这口一亩大的鱼塘清一色的鲫鱼。
一斤苹果五角四分钱。

(买鸿德、陈东阜,1985:61—62)

现代汉语中更多时候判断句的形式是"主语+是+谓语"的形式,如"我是老师"。"是"可以算是现代汉语判断句中的标志性词汇。虽然在汉代的一些文本中,也有用"是"来表示判断的情况,如"不知木兰是女郎"(《乐府诗集·木兰诗》),但"这种语言现象在当时还是比较少用的"(买鸿德,1985:61)。在古代汉语中更多的用来表示判断的词有"者""也""者也""乃""为"等。例如:

天下者,高祖天下。(《史记·魏其武安侯列传》)
其言灭获何?别君臣也。(《公羊传·昭公二十三年》)
始生之者,天也;养成之者,人也。(《吕氏春秋·本生》)
夫蜻岭其小者也。(《战国策·楚策》)
非狗,乃羊也。(《说苑·辩物篇》)
中峨冠而多髯者为东坡。(《虞初新志》)

② 省略句式

省略句式无论是在现代汉语还是在古代汉语中都广泛存在,而这也可以看作汉语序列与英语序列的一个明显差别。英语语言中除非陈述句（Open the door, please.）或是独词句（Wow! Oh!），一般情况下句子主干的主语和谓语都不可以省略，而古今汉语中省略主语或谓语的情况都不少见：

省主语：
兄见之，惊问："（尔）将何作？"（其弟）答云："（吾）将助樵采。"（《聊斋志异·张诚诚》）
掌握的方法，（我们）学习就方便多了。

省谓语：
头上（梳着）倭髻，耳中（戴着）明月珠。（《乐府诗集·陌上桑》）
"书记他们（上）哪？"

根据买鸿德（1985：63）的考证，古代汉语和现代汉语在省略句上的差别主要体现在对宾语的省略和对介词的省略。对宾语省略的差别主要体现在两方面：一是使动词的宾语（也称兼语）省略在古代汉语中经常有，而在现代汉语中几乎没有；二是现代汉语中介词后面的宾语一般不能省略，而古代汉语中如果介词后面的宾语是代词，经常省略。古代汉语中对这两种宾语的省略例子如下：

祭封人仲足有宠于庄公，庄公使（之）为卿。（《左转·桓公十一年》）
子曰："可与（之）共学，未可与（之）适道；可与（之）适道，未可与（之）立；可与（之）立，未可与（之）权。"（《论语·子罕》）

至于介词的省略情况，现代汉语中一般不能省略，而古汉语中却非常常见，例如：

诸侯名士可下以财者，厚遗结之；不肯者（以）利剑刺之。（《史记·李斯列传》）

武等学(于)长安,歌(于)太学下,转而上闻。(《汉书·王褒传》)

由于这些古代汉语中特有的省略句式,我们在进行现象 1 到现象 2 的语内转换时,需要有意识地在序列 2 中补全相应的成分。

③ 被动句式

结合前人的研究成果(买鸿德,1985;祁保国,2009),笔者认为在被动句式上古今汉语的共同点在于都可以用"为""为……所……"的结构来表示被动。例如:

为乡里所患。(《世说新语·自新》)
他为风雨所阻。

不同之处在于现代汉语中常用的被动词还有"被""叫""让"等,而这些在古代汉语中不常见。例如:

敌人被我们消灭了。
黄河的滚滚洪流终于叫我们制服了。
那个谜又让他猜中了。

古汉语中独特的被动句式体现在可以用"见"或"见……于……"来表达。例如:

厚者为戮,薄者见疑。(《韩非子·说难》)
臣诚恐见欺于王而负赵。(《左转·廉颇蔺相如列传》)

④ 连谓句式

所谓连谓句,指的是"由两个以上的谓词性词语连用,作同一个主语的谓语,其间没有联合、偏正、动宾关系"(买鸿德,1985:65)。连谓句式在古今汉语中都有,这也是汉语句式区别于英文句式的一个体现,如下面这个现代汉语的连谓句式:

他把枪**别**在腰里**披上**大衣就**出去**了。

如果要英译以上的汉语句子，英语语法的要求只能将其中的一个动词处理为主要的谓语动词（通常是"出去"这一动词），而其他两个动词在英语中要么处理成分词形式的非谓语形式，要么借助介词短语来传达其意。同样，古代汉语中也有同样结构的连谓句式。例如：

引河水**灌**民田。（《史记·诸少孙·滑稽列传》）

"但也有一种古汉语连谓句式，与现代汉语结构不同，是现代汉语所没有的。谓语性词语连用时，用连词'而'或者'以'来连接，表示顺承关系。"（买鸿德，1985：66）如下面例子所示：

何曲智叟笑而止之。（《列子·汤问》）
回也闻一以知十，赐也闻一以知二。（《论语·公冶长》）

因此，从古今汉语中都有的特殊句式来看，序列1基本上都可以和序列2对等，即 $s1 \approx s2$。

关于古代汉语在序列上的特点我们还需要关注其话题优先的情况。自从 Li & Thompson（1976）提出世界上的语言应该分为主语优先的语言（topic-prominence language）和话题优先的语言（subject-prominence language）两种，人们普遍认可汉语是典型的话题优先语言，而英语则是主语优先的语言。自此之后，关于汉语"话题"研究的文章和著作便层出不穷。众多学者有着浓厚的"话题"情结，但也在这个问题上产生了较大的分歧，主要是汉语是不是所谓的话题优先型语言、汉语的话题该如何定性等诸多问题。大多数学者都将目光集中在现代汉语上的"话题"上，对古代汉语"话题"的研究相对较少，鲜有的一些论著也是在篇章语言学的框架下来研究话题的穿插连贯作用（李强，2012）。李强（2012）的研究

《古今汉语话题句之比较——基于共时比较和历时比较的研究方法》弥补了这一空白。根据他的研究,古今汉语在话题句上的异同主要体现在以下几个方面。

① 古今汉语的话题句都有主话题句和次话题句之分。可以用来担任主话题的成分基本相同,包括:名词性短语、时间词、地点词、一般分句、条件分句等。现代汉语中有少量动词短语可以充当主话题,而在古代汉语中,动词短语充当主话题的情况更少。一个更明显的差异是,在现代汉语中,介词短语可以自由充当主话题,但在古代汉语中完全不可以。在次话题的成分上,现代汉语相对比较灵活多样:名词短语、时间地点词、形容词、动词短语、介词短语等都可以作为次话题;而古代汉语中能够充当次话题的成分则比较单一,通常只有介词短语,而其他诸如名词短语等只能充当主话题。

② 古今汉语的话题标记的共同点是在功能种类名称上是一致的,但具体具备哪些功能视具体情况有所不同。已有研究(李强,2012)表明现代汉语中的话题标记通常都有形式、表达和语义三方面的功能——在形式上,常用停顿词表示话题标记,如"啊""吧""嘛""呢";在表达上,都可以在一定程度上舒缓语气;在语义上,功能各有不同,如"啊"表示关心,"吧"表示迟疑,"嘛"表示对比或承接,"呢"表示关联。

古代汉语中的话题标记"于""之""有""则""微""夫""也/者",除了"之"同时具备三方面的功能外,其他古代汉语话题标记通常都只具备两个功能,要么形式和表达(于、也、者),要么形式和语义(微、夫、则、有、譬如、若、至于等),但有一点共同的是,都具有形式功能。

③ 在构成语义类型方面,古今汉语话题句的共同点在于:时间域式话题句都可以将名词放在句首充当话题;古今汉语中都存在背景域话题句和拷贝式话题句,差别在于古代汉语背景式话题句的语序不同于现代汉语,另外话题也只能是次话题。拷贝式话题句在现代汉语中多于在古代汉语中的情况。

话题句在古今汉语中的构成方式上更明显的差别在于:现代汉语中地点域式话题使用灵活,基本都可以位于句首充当话题,而古代汉语的地点式话题不多见;古代汉语中领格域式话题句和上位语域式话题句虽然也有,但数量不会很多,这主要和古代汉语句式不甚灵活有关。

④ 在回指方面,古代汉语和现代汉语在话题句上的最大差别是:现代汉语中的回指形式可以是零形式或具有指代性功能的名词,而古代汉语中回指形式不能是零形式。

从以上的讨论中可以看出,在从古代汉语到现代汉语的语内翻译的过程中,序列1到序列2的转换也一样有翻译的两种常规处理方法:直译和意译。"古今汉语句子结构相同或基本相同的便严格地进行对译。"(罗伟豪,1992)例如:

[**古代汉语原文**]　四年春,齐侯以诸侯之师侵蔡。
[**现代汉语译文**]　鲁僖公四年春天,齐桓公率领诸侯地军队入侵蔡国。

而古今汉语序列差异较大的就要"调整语序或增删某些词语"(罗伟豪,1992)。无论采用哪种方法进行古今汉语之间的转换,对于这一典籍英译至关重要的第一步,译者要特别注意其翻译原则。杨烈雄在《文言翻译学》(1989)一书中指出文言文翻译应遵守的三项原则:转换的原则、规范的原则和通俗的原则。罗伟豪(1992)以《中庸》的一句话的不同现代汉语翻译为例说明文言文翻译的原则问题。

[**古汉语原文**]　天命之谓性,率性之谓道,修道之谓教。
[**现代汉语译文一**]　天所赋予人的叫做"性",遵循着"性"去做叫做"道",把"道"修养好并加以推广叫做"教"。(《中庸批注选》,1974)
[**现代汉语译文二**]　天所赋予人的气秉叫做本性,遵循本性去处世做事叫做正道,修明循乎本性的正道,使一切事物都能合于正道,就叫做教化。(《中庸今注今译》)

罗伟豪(1992)评论认为,从这个例子的两个译文看,译文二的意译不如译文一的直译来得准确、规范。如译文一对"性""道""教"的翻译,"译得非常严谨,不任意解释";译文二则"较为随意,未必准确"。

(2)图形上

古代汉语、现代汉语和英语一样,图形上都有感知、言语、行为和存在四个过程,在及物系统中的对应也一致。在第二章中分析过,行为图形在英语中可以有明确的时态系统来呈现,而现代汉语中则识解为体系统和相系统。现代汉语中通过四类小品词——了、过、着、在——揭示现代汉语的时间,古代汉语在这一点上与现代汉语一致,也是通过这类小品词来表达时间,如:"闲凭着绣床,时拈金针,拟貌舞凤飞鸾"(《敦煌曲子词》);"吃了张眉竖眼,怒斗宣拳"(《茶酒论》)。同时,古代汉语中的品质也和现代汉语一样常常体现归属关系,其环境成分也比较突出。

图形上,古今汉语最大的差别在于古代汉语中的图形常常在现代汉语中升级(uprank)为序列的功能,如上文中《天净沙》的例子。因此,图形的关系常常表现为:$f1 \approx f2$ 或者 $f1 < f2$。

(3)成分上

古今汉语单双音词转换和词性变化明显。在概念基块的三个层面上,英汉两种语言差别最大的是成分构成(详见2.4.2.3),而现代汉语和古代汉语之间也是成分上差别最多。

古今汉语中不少词汇能够直接寻求到对应,如:宵—夜、邦—国、宅—居、殷—正、钦若—敬顺、历象—数法等。此时,古今汉语的成分构成基本一致:$e1 \approx e2$。但有时两者之间的差异也很明显,成分构成上不能等同:$e1 \neq e2$。有时也会出现古代汉语中的成分在现代汉语中需要一个具有图形功能的小句来解释,在第五章的实证研究中就出现了这样的情况,此时 $e1 < e2$。

我们总结认为,在成分上,古今汉语的不等同的情况集中体现在以下两个方面:古今汉语中单双音词的转换及古今汉语词义的变化。

① 单双音词的转换

古代汉语中多单音词,而现代汉语中则多双音词。例如,《史记·陈涉世家》里的这句古代汉语原文"燕雀安知鸿鹄之志哉?"中每一个词都是一个独立的成分,若将其对应为现代汉语,除了"燕""雀"可以完全保留原来的单音状态外,"之"和"哉"可以寻求到相应的现代汉语中的单音词"的""啊",其他成分都需要从单音变为双音才符合现代汉语的表达习惯。即便是"燕"和"雀",在现代汉语中我们也更多地用双音的"燕子"和"麻雀"来表达,如表4-9所示。

表4-9 古今汉语单双语音词

古代汉语	燕	雀	安	知	鸿	鹄	之	志	哉
现代汉语	燕子	麻雀	哪里	知道	大雁	天鹅	的	志向	啊

关于古代汉语中单音词转换为现代汉语的双音词问题,有学者总结了三条规律(罗伟豪,1992):单音词增加辅助成分组成复音词,如"燕—燕(子)";以单音词做词素扩展成复音词,如"雀—(麻)雀""知—知(道)""志—志(向)";换成完全不同的形式——"安—哪里""鸿—大雁""鹄—天鹅"。

② 词义变化

古今汉语中词义的变化则是成分差异更明显的体现。这里要说的词义变化区别于一些研究中的词类活用的研究。词类活用的现象在古今汉语中都有,尤其在一些文学作品中,为了修辞的目的,一些词在特定语境中拥有特殊的词性。常常为人们所津津乐道的经典诗句"春风又绿江南岸"中的"绿"的精妙之处就在于这一词性的变化。在这个诗句中,诗人巧妙地将原来是形容词的"绿"字用作了动词,从而使整个诗句灵动起来。同样,在现代汉语中也有类似的修辞用法:"他就盼望他的叔叔多多头回来,也许这位野马似的好汉叔叔又像上次那样带几个小烧饼来偷偷地给他香一香嘴巴。"(麻彩霞,2008)这里的"香一香"也是形容词活用为动词。

在汉语词汇的发展过程中,也有一些词语在古代汉语中是一个词性,在现代汉语中固定为另一种词性。沈革新(2009)在《汉语古今词性演变》一文中就总结了四种古今汉语词性变化的情况。黄洪(2009)则以《论语》中实例说明古今汉语中词性变化的问题。我们选择其中的一些典型例子将这四种情况总结为下列四幅表格

（表4-10）。

表4-10 古今汉语词性变化

a. 动词转换为名词或形容词			
古汉实例	古汉词性/词义	现汉词性	现汉实例
众闻则非之。（《非攻》）	动词：责备	名词/形容词	是非、非心
我树之成。（《不龟手之药》）	动词：种植/栽树	名词	树木
居无求安,敏于事而慎于言。（《论语》）	动词：说话	名词	言语、言辞
见贤思齐焉,见不贤而内自省也。（《论语》）	动词：看齐	形容词	整齐、一致

b. 名词转换为副词、形容词或动词			
古汉实例	古汉词性/词义	现汉词性	现汉实例
天下平而无故也。（《胠箧》）	名词：事故、缘故	形容词、连词	故友、故而
技经肯綮之未尝。（《庖丁解牛》）	名词：骨头上的肉	动词、助动词	首肯、不肯
子闻之曰："再,斯可矣。"（《论语·公冶长》）	名词：两次	副词	再来一次

c. 代词转换为连词、副词/形容词后缀、系动词			
古汉实例	古汉词性/词义	现汉词性	现汉实例
奚以知其然也。（《北冥有鱼》）	代词：这样	连词、形容词/副词后缀	然而、忽然、飘飘然
或以封。（《不龟手之药》）	代词：有的人	副词	或许
於予与改是。（《论语·公冶长》）	指示代词：这个	系动词,表示判断和肯定	

d. 实词(动词)转换为虚词			
古汉实例	古汉词性/词义	现汉词性	现汉实例
学而不可已。（《劝学》）	动词：停止	副词	已经
至人无己。（《北冥有鱼》）	动词：忘	连词/副词	无论、无偏无倚

古今汉语词汇除了在词性上的变化外,词义上也有诸多不同。百度百科总结了古今词汇意义的变化主要有以下几种情况(表4-11)。

表4-11 古今汉语词义变化

类别	古今异义词	古义	今义	例句
词义扩大	江、河	专有名词:黄河、长江	泛指的通名	水由地中行,江、淮、河、汉也。(《孟子》)
词义缩小	金	泛指一切金属	专指黄金	金就砺则利。(《荀子·劝学》)
词义转移	烈士	坚持信念而牺牲生命的人;志士,有志于功业的人	专指为革命事业献身的人	烈士暮年,壮心不已。(《龟虽寿》)
感情色彩变化	卑鄙	地位低下;知识浅陋;无贬义	品质低劣;贬义词	先帝不以臣卑鄙。(《出师表》)
名称说法变化	市	买	市场	愿为市鞍马
词义弱化	怨	仇恨、怀恨;程度高	埋怨、责备;程度低	
词义强化	诛	责备	杀戮	
古褒今贬	明哲保身	通达事理,洞见时势,善于避威就安,适应环境;褒义	不坚持原则,只顾自己的处世态度;贬义	既明且哲,以保其身。(《诗经·大雅》)
古贬今褒	锻炼	玩弄法律,罗织罪名,对人进行诬陷;贬义	通过体育运动使身体强壮或通过生产劳动、社会活动和工作实践,使觉悟,工作能力等提高;褒义	忠孝之人持心近后,锻炼之吏持心近薄。(《后汉书·韦彪传》)

意识到古今汉语成分上的差别有助于译者在进行古代汉语到现代汉语的语内翻译时做出积极的反应,做出合理的调整,从而保证最终的语际翻译获得令人满意的结果。下面两个译文的译者就表现了对这一差异不同的关注度。

[原文] 仲尼祖述尧舜,宪章文武,上律天时,下袭水土。譬如天地之无不载,无不覆嶹;譬如四时之错行,如日月之代明。

[译一]　孔丘宗奉和传述尧帝和舜帝统治人民的道,效法周文王、周武王的礼制,上顺天时,下合地理。他的伟大就像天地那样没有什么东西它不能装载的,没有什么东西它不能覆盖的;好比春、夏、秋、冬的交错运行,像太阳和月亮轮番照耀于宇宙一样。

[译二]　孔夫子远宗唐尧禹舜之道,近守文王武王之法,上顺天时的自然运行,下合水土的一定生成之理,比如天地的无所不载、无所不覆,比如四季的更迭运行、日月的交替照明。

以上两个汉语译文在罗伟豪看来,"译二显然比不上译一,原因在于译二未能运用古今语言变化规律,不注意规范,也不够通俗"(罗伟豪,1992:127)。我们基本同意罗伟豪的观点,的确,译文一虽然存在将"仲尼"译为"孔丘"而有失忠实的情况,但译者注意到了古今汉语单双音词的规律,将古代汉语原文中的单音词准确地处理为现代汉语中对应的双音词:祖—宗奉、述—传述、载—装载、日—太阳、月—月亮。译文一的译者还注意到了古今词性的差异,因此将原为名词的"宪章"翻译为现代汉语的动词"效法"。另外将无指代词"无"译为"没有什么东西"以及将"四时"译为"春、夏、秋、冬",更加符合现代汉语通俗的表达习惯。译文二的语言则让现代读者有意犹未尽、欠缺一步火候的感觉。

由以上分析可以看出,尽管古代汉语与现代汉语属于同一种语言,但由于时代的跨度,古今汉语之间在序列、图形和成分上都或多或少地存在着差异。而这些差异是从事典籍英译的译者必须关注的,也唯有此,才能保证最终译文的准确性。需要指出的是,虽然已有的关于古今汉语差异方面的研究成果对我们典籍英译模式的研究有足够的借鉴和启发,但毕竟不像 Eden Sum-huang Li(2007)对现代汉语的语法给过系统的功能语言学的解释,到目前为止,还没有针对古代汉语概念基块的研究专著。以上的分析也只是基于零散的研究成果,这一点期待在今后的研究中有所突破。

4.3.4.3　步骤三:借助语法隐喻构建意义

语法隐喻是翻译过程中构建意义的重要手段:一是因为语言

本身的隐喻性;二是因为系统功能语言学对语法隐喻的定义切合了翻译的本质,也就是翻译的本质是语法隐喻。

隐喻研究在中西方都有着悠久的历史。"西方的隐喻研究起源于亚里士多德的《修辞学》和《诗学》两部著作,而中国则始于先秦时期的修辞思想。"(严世清,2000:iv)20 世纪 50 年代开始对隐喻的多学科、跨维度研究则将这一研究推向了高潮,"尤其是到 70 年代后期,欧美特别是美国的隐喻研究进入一个约翰逊等人称之为'隐喻狂热'(metaphormania)的阶段"(张沛,2004:35)。隐喻在语言中的重要性历来都受到人们的高度重视,无论是考究其修辞和美学意义的诗人、作家,还是思考其深层意义的哲学家、思想家,抑或是探究其在语言与思维关系中作用的语言学家们都对隐喻现象青睐有加。Lakoff & Johnson(1980)更是在著作《我们赖以生存的隐喻》(*Metaphors We Live By*)中详尽展示了日常语言中隐喻如何影响着人们的基本概念图式和推理策略。黑格尔对隐喻在人类语言中的普遍性和发展情况也有过如下论述:

> 每种语言本身就已包含无数的隐喻。它们的本义是涉及感性事物的,后来引申到精神事物上去……但这种字用久了,就逐渐失去了隐喻的性质,用成习惯,引申义就变成了本义,意义与意象在娴熟运用之中就不再划分开来,意象就不再使人想起一个具体的感性观照对象,而直接想到它的抽象意义。(1979:31—32)

系统功能语言学的语法隐喻概念与传统隐喻概念不同。传统的隐喻是词汇层面的转换,强调的是同样的能指、不同的所指,即一种形式对应两种意义。例如,"屠夫"的一个意思是"以屠宰牲畜为业的人",或者在特定语境中喻指"医术拙劣、草菅人命的外科大夫"(刘宇红,2011:9)。而系统功能语言学所说的语法隐喻则是强调同样的所指、不同的能指、同样的意义、不同的形式。例如,可以用"我们爬到了山顶"和"山顶目睹了我们的到来"两种不同的形式描述同一个事态(刘宇红,2011:9)。Halliday(1994:

342)用图 4-8 表示了自下而上的词汇隐喻与自上而下的语法隐喻之间的差别。

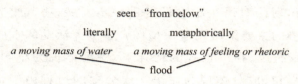

图 4-8　词汇隐喻与语法隐喻

语法隐喻的定义完全切合了翻译的本质。因为翻译的本质就在于"选择不同语言的表达形式来体现相同的意义"(刘肯红，2006：i)，因此我们也可以说翻译的本质就是语法隐喻。

语法隐喻是语言的内在本质。Halliday & Mathiessen(1999：242)认为，

> Some form of grammatical metaphor is found in all languages and in all uses of language. Like lexical metaphor, it is not something odd or exceptional; it is part of the inherent nature of language as a social-semiotic system, a natural process by which the meaning potential is expanded and enriched. Even in the language of small children there is some grammatical metaphor present almost from the start. The phenomenon of transcategorizing elements would seem to be a feature of the grammar of every language.

语法隐喻的某种形式存在于所有语言和语言使用中。跟词汇隐喻一样，语法隐喻既不古怪，亦非稀罕的事物，而是语言作为社会符号系统的本质特征之一，是意义潜势得以扩展和增强的自然过程。甚至在孩子的语言中，从一开始便存在着某种语法隐喻。语法隐喻的跨范畴现象可以被认为是所有

语言共有的一个语法特征。——笔者译

意义进化理论对语法隐喻做了进一步发展,将其重新定义为拓展意义潜势的主要策略则进一步切合了翻译活动的本质。

如第二章所说,在一致式的情况下,序列体现为小句复合体,图形体现为小句,成分体现为短语。成分中的过程由动词词组体现,参与者体现为名词词组,环境成分体现为介词词组,连接词体现为连词词组。当序列不是体现为小句复合体、过程不是体现为动词时,就是隐喻式了。Halliday & Matthiessen具体分析了概念基块序列、图形和成分三个概念中成分的语法隐喻情况。他们认为成分隐喻从级阶上看有三类:从图形重构为成分、从序列重构为图形、从带过程的图形重构为带过程作为事物的图形(Halliday & Matthiessen, 1999:D17)。根据Halliday & Matthiessen的研究,语法隐喻的使用会"使经验范畴模糊化,配置关系会变得含糊而丢失一些经验意义,不过由于参与者的语义特征能够得到扩展,表征经验信息的潜能也可得到加强"(1999:D17),因此"不能把语法隐喻简单看作意义的不同体现方式,它还是对经验的不同识解。语法隐喻在构建科学经验中起着重要作用"(Halliday & Matthiessen, 1999:D17)。

语法隐喻在语言中普遍存在的共性及语法隐喻被证明实存于意义进化的三个维度上,并且被重新定义为拓展意义潜势的重要资源策略的研究发现,这些都使得语法隐喻在意义构建过程中的关键作用不言而喻。那么语法隐喻又是如何在翻译过程中实现意义的构建呢?

首先,语法隐喻为典籍英译不可译的难题提供了解决方法。我们在之前的讨论中说过典籍作品的外译不是行不行的问题,而是必需的问题。虽然这坚定了译者的信念,但我们仍然需要正视其中的困难。刘肯红(2006)在《语法隐喻视角下的可译性研究》中就指出,"翻译的本质在于译者在充分把握源语所蕴含的概念意义、人际意义和语篇意义的基础上,把源语的意义潜势通过另一种语码忠实地表现出来。所以翻译实质上是一种意义潜势的跨语码传递。根据 Halliday 关于语法隐喻的定义（语法隐喻即用不同的语言表达形式来表达相同的意思），我们又可以把翻译定义为一种跨语码的语法隐喻。在这种跨语码的语法隐喻（翻译）过程中，所改变的往往仅仅是源语的言内意义与指称意义，语用意义往往能实现忠实的传递""这样一来，源语和的语之间语言文化上的不对等就可能通过在的语中选择不同的语言表达形式来加以化解"（2006:i）。对于文化负载较多的谚语、诗歌等文本的翻译，很多时候需要"忽视"形式上的对等，而寻求语法隐喻表达的帮助来实现传达原文本意义的翻译目的。杨肯红的研究列举了几种常见的"不可译"现象：诗歌、文化、修辞（双关、回文、嘲讽等）。

其次，语法隐喻在典籍英译的两个关键阶段的译文意义构建上都起到了重要的作用。笔者认为，语法隐喻现象对典籍英译过程的影响主要体现在以下两个方面：语内翻译时各级层之间的语法隐喻、语际翻译时目的语的"显隐"特点。

（1）语内翻译时的语法隐喻

典籍英译过程的最大特点是增加了语内翻译的过程。在这一过程中，由于古今汉语的差异，在用现代汉语表达古代汉语所说的意思时，很多时候需要隐喻式而非一致式的语内翻译。古代汉语精炼、简洁，常常用最少的字数表达很充分的意义。因此，我们认为在从古代汉语到现代汉语的语内翻译过程中会存在这样一种现象：古汉语中的序列、图形、成分对应于现代汉语中相应的更高一层的级层。也就是说，古汉语中的序列会在现代汉语中对应为序列的扩展，古代汉语的图形对应现代汉语中的序列，而古代汉语中的成分可能对应现代汉语中的图形。

古今汉语语内翻译的语法隐喻现象还体现在由于时代的发展同一语言中曾经的隐喻式变成了一致式。

（2）语际翻译时的语法隐喻

苏蕊（2007）结合语法隐喻理论和 Nida 的功能对等及逆转换理论指出，在英汉双语的翻译过程中有着这样的普遍规律：当从英语翻译到汉语时，更多的是一种显性翻译（explicit rendering），是"解除隐喻式"（unpacking metaphorical expressions）的过程。而在现代汉语到英语的翻译过程中,更多的是"隐性翻译"(implicit rendering),是"包装一致式"(packing congruent expressions)的过程。笔者认为这体现了英语表达中凸显隐喻式的特点。朱永生(2006)的研究表明,语法隐喻的实现手段除了学者们讨论颇多的名词化(nominalization)手段之外,动词化(verbalization)手段也是不可忽视的重要方式。

从词性转换角度看,名词化可以被看作"一个在形态上与小句谓语相对应的名词短语"(Quirk et al., 1985)。"从语义功能的角度看,名词化指的就是把某个过程或特征看作事物,而词性转换只是这种现象得以实现的一种方式。"(朱永生,2006)在汉英翻译过程中,译者有选择用一致式或隐喻式表达原文意义的自由,如对下面这句话的英文译文可以有一致式和隐喻式翻译情况。

[原文] 一想到她孤零零地重新踏上寻找工作的艰辛历程,他就觉得万念俱灰。

[一致式译文] He felt despaired when he thought that she had set out alone to wearily quest for work again.

[隐喻式译文] Despair seized him at the thought of her setting out alone to renew the weary quest for work.

中文原文四个主要动词"一想到""踏上""寻找""觉得"构成了动作过程和心理过程。一致式的译文保留了对应的四个动词:felt, thought, set out, wearily quest。而隐喻式的翻译中则将这些动词都隐喻为了相应的名词短语或动名词形式:the thought of, her setting out, the weary quest。虽然一致式的译文不能算错,但从英语语言表达习惯看,很明显隐喻式的英语译文更胜一筹。

在名词化的类型中,引起足够关注的便是把过程看作事物的情况(take process as thing),如上面例子中用名词或名词词组 the thought of 来表达一致式中用动词 thought 来体现的过程。除此之外,朱永生(2006)还提出了另外两种名词化的类型:把特征看作事物(take quality as thing)和把评价看作事物(take assessment as thing)。汉英翻译中对应的例子有(苏蕊,2007:32,46):

例1:
[原文] 他疲惫不堪,天气也越来越热,这几乎使他不再追赶下去。
[一致式译文] He was weary and it was increasingly hot, so he nearly gave up pursuing it.
[隐喻式译文] His weariness and increasing heat nearly made him give up the pursuit.

例2:
[原文] 这份报告虽然很长,但不切要领,我看不懂。
[一致式译文] Although the report is very long, it is beside the point, and I can not comprehend it.
[隐喻式译文] The lengthy report is beside the point and beyond my comprehension.

例1中原本的特征词 weary 和 hot 被名词化为事物,并直接变成参与者,弱化了载体 he 和 it 的主观感受,突出了客观事实。例2中的隐喻式翻译将用来表达评价意义的情态动词 can not 体现为 beyond comprehension,一方面在语气上弱化了说话人主观判断的程度,另一方面减少情态动词口语化、非正式的痕迹,更多突出书面文本的风格。

Halliday 认为,名词化是英语文本中诸如科技、文学写作、商务信函、合同、新闻报道以及演讲等正式文本的重要文体特征。因为名词化体现了描述准确精密、表达客观公正、逻辑严谨连贯、语气严肃认真等英语书面语言特点(苏蕊,2007:45)。因此,在汉英翻译过程中,有必要进行这样的语法隐喻过程,才能更忠实地传递译入语语言的文体特色。Halliday(1999:238)也指出,隐喻式更多地出现在书面表达中,而一致式更多地出现在口语表达中。

语法隐喻两个主要的表现为将小句浓缩为名词短语及将小句复合句压缩为小句。无疑,名词化是语法隐喻生成的温床,在以上两种情况中都有所体现。"名词化是比较容易识别,也是比较常见的语法隐喻手段。"(朱永生,2006)除名词化现象之外,英语表达中另一个现象也不容忽视,即动词化(verbalization)现象。

虽然"通过动词化体现的语法隐喻使用频率远远不如名词化"(朱永生,2006),但其在"实现小句复合体浓缩为小句的过程中起着重要的作用"(苏蕊,2007:49)。动词化是"把不是过程的成分当作过程来处理"(take non-process as process),"通过动词替代其他词类来表达不是由动词表达的意义"(朱永生,2006)。动词化之所以可以实现将小句复合体浓缩为小句,是因为把动词化的四个主要类型——把时间关系看作过程、把因果关系看作过程、把条件关系看作过程和把让步关系看作过程——都可以实现将原来一致式的主从句变成简单句,把原来两个或两个以上一致式小句所包含的信息通过"打包"(packing)的方式纳入一个小句,从而扩大了非一致式小句的信息容量(朱永生,2006)。这样将形式松散的汉语原文翻译为语法成分相对分明的英语自然是大受欢迎的,如表4-12所示。

表4-12 语法隐喻:动词化(苏蕊,2007:54—55)

	原文	一致式译文	隐喻式译文
1	压力随着深度增加之后,人类便更难进入深水区。	After pressure increases with depth, people find it more difficult to go very deep far below the water surface.	The increase in pressure with depth is followed by the growing difficulty to go very deep far below the water surface.
2	他驾车时心不在焉,差点造成车祸。	Since he was absent-minded during driving, he nearly made an accident.	His absence of mind during driving nearly caused an accident.
3	只要使用一种附加的装置,这种汽车就可以跑得更快。	As long as a special additional device is applied, the car can run faster.	The application of a special additional device permits a faster running of the car. A faster running of the car depends on the application of a special additional device.
4	我虽然惊讶不已,但还不至于说不出话来。	Though I was so astonished, it didn't mean I could make no speech at all.	Astonishment didn't deprive me of my power of speech.

以上四个例子分别代表了动词化的四个类型,具体分析如下:

例 1 的隐喻式是把时间关系看作过程的动词化情况。一致式的翻译用连词 after 来表示时间的先后顺序,隐喻式的译文则用动词词组 is followed by 表现出动态的过程。类似的通过动词化将一致式的时间关系隐喻为动词化的表达除了可以用在表示前后顺序的时间关系中外,表示同时关系的连词、副词等也可以通过动词化隐喻为过程(表 4-13)。

表 4-13　把时间关系看作过程的动词化情况①

一致式	隐喻式
before	precede
afterwards	follow
at the same time	coincide
in the meantime	accompany

例 2 是把因果关系看作过程的动词化类型。一致式翻译中用连词 since 来体现的因果关系通过动词 cause 隐喻为过程。表示因果关系常见的连词还有 because, so 等,可以对应地通过 result from, lead to, result in 等动词词组将因果关系隐喻为过程。

例 3 是把条件关系看作过程的动词化情况。一致式中表示条件关系的词组 as long as 可以用隐喻为动词 permit 或动词词组 depend on。同样表示条件关系的连词 if 和 unless 也可以用动词词组 depend on 和动词 determine 来表达为过程。

例 4 是一致式让步关系在隐喻式中被看作过程的情况。在这种情况下,动词化的实现常常是通过将让步连词或表示让步关系的副词词组用相应的动词否定式来表达,从而实现关系变为过程的隐喻化。例 4 中的让步连词 though 就被动词化为 not deprive。也可以用 not mean 来表达 although, though 等连词的让步意义,以及 not stop, not preclude 来表达 even if/so, even though 等副词词组的让步关系。

值得一说的是,以上四个汉英翻译的例子在通过动词化实现

---

① 表 4-13 中的例子来自朱永生(2006)的论文《名词化、动词化与语法隐喻》。

语法隐喻的过程中,同时出现了名词化现象(表4-14)。"名词化和动词化经常是交织在一起的""名词化的使用可能会导致动词化的出现""而动词化的使用也可能导致名词化的出现"(朱永生,2006)。上面的四个例子都不同程度地因为隐喻式译文的动词化,在隐喻式表达中也相应地出现了对一致式动词或形容词的名词化现象。

表4-14 动词化使用导致名词化出现的现象

例子	一致式	隐喻式(名词化)
例1	increases	increase
	difficult	difficulty
例2	absent-minded	absence of mind
例3	is applied	application
例4	astonished	astonishment
	could	power

隐喻不是单纯的修辞手段,更是人类认识世界的一种方式和途径。在翻译过程中,隐喻现象无论是对原文意义的正确识解还是对译文意义的有效构建中都无法让译者忽视。在典籍英译过程的两个重要环节中,从古代汉语到现代汉语的语内翻译过程更多的是还原语言本来一致式的面貌,而在汉语到英语的语际翻译过程中,则更多的是构建隐喻表达的过程,从而从最大程度上实现英语正式书面语言的文体特点。上述例子表明名词化和动词化是实现这一文体特点、实现语法隐喻的主要手段。作为英语为非母语的中国译者来说,在汉译英过程中尤其需要不断提醒自己这两种现象,从而提供更加地道的英语译文。

4.3.4.4 步骤四:发挥译者主体性

语言能够创造意义,语言不是任意的,是我们人类进化的一部分,是我们物质、生物、社会和生存方式的符号反映(Halliday & Matthiessen, 1999: D22)。在翻译过程中,译者是译入语语言的直接构造者,是翻译过程的主体。因为不同译者的参与,才会出现同一原文作品多种译本的现象。但传统翻译观中曾经一度忽视译者的主体性地位,这一点从中外历史上人们对于译者的诸多比喻说法中可见一斑:"舌人""媒婆""译匠""一仆二主""叛逆者""戴着镣铐的舞者""文化搬运工"等(查明建,田雨,2003:20)。一句"翻译者,反叛也"也曾让无数翻译工作者愤愤不平。传统翻译观一度认为翻译就是模仿,译作依赖于原作,缺乏创造性。但随着翻译研究"文化转向"的出现,人们开始为译者"正名",译者不再是机械被动的"传话人",而是翻译过程中译文意义的主动构建者和翻译目标的实现者。正如嵇因所认为的,翻译是一个从理解到表达的动态过程,而这个过程的主宰就是译者(宫军,2010:128),译者在翻译过程中如此的重要性必然使得对译者主体性问题的研究"成为翻译界永恒的话题之一"(胡庚申,2004:10)。国内外学者近年来也的确对这一问题给予了很多关注,既有关于译者主体性的界定、研究领域和意义的讨论,也有对研究方法、视角的讨论,然而正如侯林平和姜泗平(2006:104)在梳理这一问题研究成果时所指出的,虽然关于译者主体性的话题是翻译研究的一个热点问题,但如果总是对这一话题本身一些具有争议的问题争论不休,"势必会阻碍翻译研究的纵深发展",因此应该结合翻译研究其他方面的成果"进行系统描述和阐释"。

关于译者主体性的界定,有学者认为还是"相当笼统和模糊"(侯林平、姜泗平,2006:101),因为既有"文化中心论"的观点(认为译者主体性就是译者能动性),又有"操纵论"的观点(认为译者有相对于文本、原文作者和译文读者的优越性和支配性),也有相对客观全面地从文本、原文作者和译文读者关系中规定译者主体性的观点:"一方面认为文本、原文作者和译文读者是译者主体性的基础,另一方面突出译者对文本、原文作者和译文读者的适应与选择活动中体现其特性。"(侯林平、姜泗平,2006:101)查明建和田雨(2003:22)给出的定义精炼而完整:"译者主体性是指作为翻译主体的译者在尊重翻译对象的前提下,为实现翻译目的而在翻译活动中表现出的主观能动性,其基本特征是翻译主体自觉的文化意识、人文品格和文化、审美创造性。"百度百科用"能动性""受动性""为我性"三个词概括了译者主体性的本质特征①。译者主体意识的"存在与否、强与弱,直接影响着整个翻译过程,并影响着翻译的最终结果,即译文价值"(许钧,2014)。在典籍作品的英译过程中则更需要译者主体性的发挥,因为"越是优秀的文学作品,其审美信息、文化意蕴也就越丰富,翻译的难度也就越大,这就更需要发挥译者的创造性"(查明建,田雨,2003:22)。当然,强调翻译过程中译者主体性的作用并不是说译者可以肆意妄为,否则就会变成"任意性、盲目性"(查明建,田雨,2003:22)。那么,在翻译过程中,尤其是典籍英译的过程中译者如何做到一方面不妄自菲薄,可以有的放矢、游刃有余地实现自己的主体性,另一方面又不狂妄自大,随意进行翻译活动?笔者认为,系统功能语言学和认知语言学的研究学者们提供了可供参考的方法。具体而言,系统功能语言学的主位推进模式和认知语言学的动态投射观点是实现译者主体性行之有效的方法。

(1) 主位推进模式与译者主体性

主位推进的概念最初由捷克语言学家 Danes 提出,他认为"主位推进是指语句主位的选择和排列,它们的相互关系和领属层次,以及它们与上一级语篇单位(如段落、章节等)的超主位、整个语篇和情景的关系"(Danes,1974:114;Hatim & Mason,2001:218;Hatim,2001:80-81)。李健和范祥涛(2010:163)将其解释为:"当一组由意义的句子构成一个连贯的语篇时,小句的主、述位之间会发生某种联系和变化,并推动着语篇的有序发展,这种联系和变化被称为主位推进。"Danes 根据语篇中主、述位衔接规律提出过五种推进模式,国内许多功能派学者也有进一步的研究,如徐盛桓(1982:3—4)、黄国文(1988:81—85)、朱永生(1995:7)。"主位推进模式是语篇中语言材料的排列组合形式,是语篇中小句汇合成篇的信息流动与走向,是实现语篇功能的一种重要手段,它不仅可以帮助作者有效地生成语篇,也有助于译者准确地解读语篇。"(李健、范祥涛,2010:163)因此,在对原文的解读上,我们需

---

① http://baike.baidu.com/view/2481258.htm.

要看到原作者使用主位推进模式来实现其写作目的。而译者在构建译入语语篇时，也可以为了更好地实现翻译目的，选择特定的主位推进模式。这一选择过程也就体现了译者积极的主观能动性。

在翻译过程中，理想的状态当然是译者可以在译文中再现原文的语篇模式，基本还原原文的主位推进发展模式，但这毕竟只是理想状态。翻译的现实是两种语言存在着差异，在句法结构和表达方式中都会有各自的特点，因此一定会影响原文语篇主位推进模式在译文中的保留。"如果原文的主位推进模式无法在译语中自然地再现，那么你就不得不放弃它。这时必须保证译文具有自己的推进方式并具有自身的连贯性。"（Baker，2008：128）

在典籍作品英译的过程中，译者一方面会遇到由于英汉两种语言的差异带来的主位推进模式的变化，另一方面由于古今汉语在序列上的差别，也势必会在典籍翻译过程的第一个阶段——语内翻译——就会遭遇主位推进模式无法完全复制的现象。在最初的古代汉语结构转化成现代汉语的过程中，就会有主位推进模式的变化，此时就需要译者的解读与参与。进入现代汉语翻译为英语这一最终译入语的过程中，译者所需要进行的调整就更加明显了。正如4.3.4.2所说，人们已共识地认为现代汉语属于话题优先语言，英语则属于主语优先语言。古代汉语的话题优先特点和现代汉语也还存在着一定的差异。Baker认为汉语话题的特点是："一旦一个成分成为话题，这一成分在随后的句子中都可以省略。"（Baker，2000：142）因此，汉语语篇或段落只要有一个话题，其他相关信息都可以围绕这一话题来组织和展开，而英语语篇则需要由主位组织并层层展开，如果照搬汉语的语篇结构，对应的英语段落就会非常松散。此时，就必然需要译者调整甚至重新构建译入语的主位模式。下文以《醉翁亭记》的第一段为例，探讨不同译者在典籍翻译实践中如何借助主位推进模式实现译者主体性的发挥。

宋代欧阳修的《醉翁亭记》共四个自然段落，第一段"在全文中起提纲挈领的作用""以简洁清丽的笔调勾勒出醉翁亭及其周围的优美景色，点出山水之乐这个题旨"（何伟、张娇，2010）。原文

如下:

> 环滁皆山也。其西南诸峰,林壑尤美,望之蔚然而深秀者,琅琊也。山行六七里,渐闻水声潺潺而泻出于两峰之间者,酿泉也。峰回路转,有亭翼然临于泉上者,醉翁亭也。作亭者谁?山之僧智仙也。名之者谁?太守自谓也。太守与客来饮于此,饮少辄醉,而年又最高,故自号曰醉翁也。醉翁之意不在酒,在乎山水之间也。山水之乐,得之心而寓之酒也。

古代汉语原文共有11个小句,"层次清晰,脉络分明,自远及近,由外到内,层层递进",首先"描绘醉翁亭及其四周环境的美,然后从第三人称游客角度,以游览为序,交代作亭之人和名亭之人,引出醉翁,最后点出醉翁的心灵寄托——山水之乐"(何伟、张娇,2010:229)。

现代汉语译文:

> 环绕滁州的都是山。那西南的几座山峰、树林和山谷尤其优美。一眼望去树木茂盛,又幽深又秀丽的,那是琅琊山。沿着山路走六七里,渐渐听到潺潺的水声,看到流水从两座山峰之间倾泻而出的,那是酿泉。泉水沿着山峰折绕,沿着山路拐弯,有一座亭子像飞鸟展翅似地飞架在泉上,那就是醉翁亭。建造这亭子的是谁呢?是山上的和尚智仙。给它取名的又是谁呢?太守用自己的别号(醉翁)来命名。太守和他的宾客们来这儿饮酒,只喝一点儿就醉了;而且年纪又最大,所以自号"醉翁"。醉翁的情趣不在于喝酒,而在于欣赏山水的美景。欣赏山水美景的乐趣,领会在心里,寄托在酒上。——笔者译

现代汉语12句话,主位模式与古代汉语基本一致,因为就这篇段落而言,古代汉语的句式变为现代汉语可以不需要作太大变动,只是补全了古代汉语中表达比较简洁的部分。主述位的承担

成分也不需要有所变动，便可以符合现代汉语的表达习惯。这也是翻译过程中比较理想的情况。此时，译者并不需要特别多的主观性，顺着原文进行语内翻译就可以实现翻译的目的，但进入第二阶段语际翻译时，情况则没有这么乐观，毕竟汉语和英语两种语言之间的差异会给译者带来或多或少的障碍，因此也就更多地需要译者主体性的发挥。下面三个译本的译者，第一个是典籍作品翻译有很高造诣的译者罗经国，第二个是中外译者合作典范的杨宪益夫妇，第三个是英国汉学家翟理斯教授。他们的译文如下：

英译文：
罗经国：

Chuzhou is surrounded with mountains. The forests and valleys on the southwest ridge are especially beautiful. Lying in the distance, where the trees grow luxuriantly and gracefully, is the Langya Mountain. Six or seven li up the mountain path, a gurgling sound grows clearer and clearer. It is from a spring that falls between two mountains. The spring is called the Wine-making Spring. The path turns and twists along the mountain ridge, and above the spring rests a pavilion perching aloft like a bird with wings outstretched. This is the Pavilion of the Drunken Old Man. Who built this pavilion? Monk Zhixian, who lived in the mountain. And who furnished it with that name? It was the prefect, who named it after his own alias. The prefect often comes here to drink wine with his friends and he easily gets tipsy after a few cups. Being oldest in age among his companions, he calls himself "the drunken old man". The drinker's heart, and now and then he will express it through wine-drinking.

杨宪益夫妇：

The district of Chu is enclosed all around by hills, of which those in the southwest boast the most lovely forests and dales. In the distance, densely wooded and possessed of a rugged beauty, is

Mount Langya. When you penetrate a mile or two into this mountain you begin to hear the gurgling of a stream and presently the stream—the brewer's spring—comes into sight cascading between two peaks. Rounding a bend you see a hut with a spreading roof hard by the stream, and this is the Road-side Hut of the Old Drunkard. This hut was built by the monk Zhi Xian. It was given its name by the governor, referring to himself. The governor, coming here with his friends, often gets tipsy after a little drinking; and since he is the most advanced in years, he calls himself the Old Drunkard. He delights less in drinking than in the hills and streams, taking pleasure in them and expressing the feeling in his heart through drinking.

Herbert A. Giles(翟理斯):

The district of Ch'u is entirely surrounded by hills, and the peaks to the southwest are clothed with a dense and beautiful growth of trees, over which the eye wanders in rapture away to the confines of Shantung.

A walk of two or three miles on those hills brings on within earshot of the sound of falling water with gushes forth from a ravine, known as the Wine-Fountain; while hard by in a nook at a bend of the road stands a kiosque, commonly spoken of as the Old Drunkard' a Arbour.

It was built by a Buddhist priest, called Deathless Wisdom, who lived among these hills, and who received the above name from the Governor. The latter used to bring his friends hither to take wine; and as he personally was incapacitated by a very few cups, and was moreover well stricken in years, he gave himself the sobriquet of the Old Drunkard. But it was not wine that attracted him to this spot. It was the charming scenery which wine enabled him to enjoy.

三个译文有较大的不同。总体来看,罗经国的译文最接近原文主位推进模式,整个语篇中各句的主位基本相同。句式也与原文基本一致,包括疑问句,这一译文是最忠实于原文的、最直译的,但读上去有过于松散、单一的感觉。虽然原文本身的句式比较单一,基本都是"关系过程组成。但从语言形式上看,整段采用过多的某种过程势必会造成行文平白单一、文章滞涩冗赘的感觉,但是该文读起来却自然顺畅、简洁凝练。"(何伟、张娇,2010:229)笔者认为,这主要是由汉语语言特点决定的。汉语散文形散神不散,强调意合,因此即便语言形式再松散,个中主线不散,也依然能让读者感受到文章之美。但是英语语言是一个讲究形式的语言,如果仍然照搬汉语的语言表达形式,则很难符合英语语言的表达习惯和特点,从而很难使译文在译入语国家的读者群中产生共鸣,影响翻译目标的实现。因此,在从汉语到英语的转换过程中,需要弥补汉语意合与英语形合之间的差距。

杨宪益夫妇及翟理斯的译文在主位推进模式上与原文都有不同程度的变动。总体上,杨宪益夫妇的译文多用第二人称 you 作为主位,从人的角度出发观景,尽管笔者上文说是从"第三人称游客角度"。想必杨宪益夫妇此处这般处理更多的是希望增加与读者的互动,使读者有身临其境之感。译者的这一处理方法是有助于实现原文与译文之间的功能对等的。同时通过增加第二人称主语 you,也很巧妙地解决了汉语原文普遍存在的无主语句问题。翟理斯的译文对于这一问题的处理则更多采用名词化的处理方式,下文会详述细节。另外这两个译文的句式都没有保留原文两对自问自答的句子:"作亭者谁?山之僧智仙也。名之者谁?太守自谓也。"两个译文都将一问一答的句子融合为了陈述句。汉语原文中,这样自问自答的句式发人深省,"为后文引出'醉翁'埋下伏笔""精妙工整,自然连贯",但如果英文仍然保持原文的句式,"却显得生硬呆板、怪异矫作,有生搬硬套之嫌",而像杨宪益夫妇和翟理斯的译文处理方法,"虽有违原句功能,但由于原句为自问自答,这一转换恰到好处,符合英文表达习惯"(何伟、张娇,2010:234)。两个译文对句式上处理的另一个共同点在于都擅长利用从句将就近语意群和小句整合成一个复合小句,无论是定语从句还是状语从句抑或是强调句型的运用,都将松散的汉语原文衔接为紧凑的英语译文,从而更加符合英语语言的表达习惯。

付诗惟(2014)对于《醉翁亭记》第一段原文的主、述位情况有过具体的阐述,下文将结合其分析,具体对比相应英语表达中主述位的变化情况,并就此探究译者如何通过调整变化主位推进模式凸显其主观能动性的情况。正如上文所分析的,罗经国的译文基本保持了和原文一致的主位推进模式,因此下面分析的译文主位推进模式主要以杨宪益夫妇和翟理斯的译文为例。

原文第一句到第三句的主位(T)、述位(R)情况如下:

T1:环滁　　　　　　　　R1:皆山也

T2:其西南诸峰　　　　　R2:林壑尤美

T3:望之蔚然而深秀者　　R3:琅琊也

这三个句子都是关系过程的小句,前两句为修饰型关系过程,第三句为认同型关系过程。三个句子开门见山,"层层推进,将读者的视角从'滁'推进到'山',再近至'琅琊',最终细致观察'琅琊'里的'林壑'。原文三个看似无关联的小句,通过内在涵义意合衔接。"(付诗惟,2014)

杨宪益夫妇译文:

T1: The district of Chu　　　　R1: is ... by hills

T2'(=R1): of which　　　　　 R2: boast the most lovely

T2": those in the southwest　　　　forests and dales

T3': densely wooded and　　　 R3: is Mount Langya
　　 possessed of a rugged
　　 beauty

翟理斯译文:

T1: The district of Chu　　　　R1: is ... by hills

T2: and the peaks to the　　　 R2: are ... growth of trees
　　 south-west

T3'(= R2): over which　　R3: wonders in rapture away to
T3'': the eye　　　　　　　　the confines of Shantung

　　古代汉语原文三个小句之间的衔接通过意合实现,杨宪益夫妇和翟理斯的英译文并没有固守简单的线性主位推进模式,也非派生模式,而是都采用了英语语言中常用的定语从句的语法现象,将原文中隐性的关联信息凸显出来,尽管在具体运用的位置方面两个译文有所差异。两篇译文在具体措辞和小句处理上有所不同,主要体现在对原文第二和第三小句的英文处理上。杨宪益夫妇的译文将第二个小句的内容处理为定语从句,衔接第一个小句的述位内容,同时用 boast 一词表达第二个小句的述位,形象生动。对第三个小句的处理,杨宪益夫妇的译文用了 beauty 作为主位关键词,揭示了这一小句的主题内涵。在翟理斯的译文中,第二小句用 the peaks to the south-west 作为主位放在句首,"与上句'山'衔接,从'山'自然过渡到'峰',符合原文由远及近的叙述手法",并用名词化的 growth 一词"在涵盖了更多信息的同时达到了句式凝练、优美的效果"(何伟、张娇,2010:230—231)。翟理斯在对第三个小句的处理中用了定语从句,衔接第二个小句的述位,并用 wonders 这一极具拟人化的词汇引出第三句的述位,形象生动,也很符合"游览"的主旨。因此,我们认为杨宪益夫妇译文和翟理斯译文在这三个小句的处理上并无优劣之分,各有千秋,都顾及了英语语言的表达习惯,通过恰当的选词和主位模式实现了语篇的推进和内涵意义缜密的衔接。

　　接着的五个句子原文主、述位情况是:

T1:山行六七里……两峰之间者　　R1:酿泉也
T2:峰回路,有亭翼然临于泉上者　　R2:醉翁亭也
T3:作亭者谁?　　　　　　　　　　R3:山之僧智仙也
T4:名之者谁?　　　　　　　　　　R4:太守自谓也
T5:太守……而年又最高　　　　　　R5:故自号曰醉翁也

原文首先用"者……也"常见的古代汉语判断句式引出"酿泉"和主题"醉翁亭"。紧接着两句自问自答的句子都是"围绕该部分首句高位主位'醉翁亭'展开",不过,虽然这两句自问自答句主位与"同首句主位关系紧密,但提问对象并非首位述位,因此并不能看作线性主位推进模式"(付诗惟,2014)。由于中英文语言的差异,英文译文无法再现古代汉语原文的简洁,再加上英语的形合特点,在英语译文中需要把汉语中通过意会便可感知的信息及小句之间的关系凸显出来,因此不可避免地在英语译文中需要通过"补充成分扩充句式一步步描绘场景"(付诗惟,2014)。因此,杨宪益夫妇译文和翟理斯译文对这5个小句的处理情况则比原文要复杂得多,也无法只通过相应的5个主述位小句完成翻译任务。他们的译文情况如下:

杨宪益夫妇译文:

T1: When you ... you	R1: begin to hear ... a stream
T2 (=R1): and ... the stream	R2: comes into ... two peaks
T3: Rounding a bend you	R3: see a hut with ... the stream
T4 (=R3): and this	R4: is the Road-side Hut of the Old Drunkard
T5 (=R4): This hut	R5: was built by the monk Zhi Xian
T6 (=R5): It	R6: was given ... himself
T7: The governor ...	R7: gets tipsy ... drinking
T8: and since ... he	R8: calls himself the Old Drunkard

翟理斯译文:

T1: A walk of two or three miles on these hills	R1: brings one ... the Wine-Fountain
T2: while hard by in a nook at a bend in the road	R2: stands ... Old Drunkard's Arbour

T3 (= R2): It

T4 (= R3"): For the latter

T5 (= R3"): and as he personally

T6 (= R3"): he

R3': was built by who lived among these hills

R3": and who ... himself

R4: used to ... take wine

R5: was ... years

R6: gave ... the Old Drunkard

对于这部分的处理正如上文所分析的,两个译文共同点在于都将原文自问自答的两个小句处理为陈述句的表述。各自译文的突出特点在于杨宪益夫妇译文多用 you 来处理原文无主句,而翟理斯译文多用名词化、拟人化,避免解决无主语问题。杨宪益夫妇译文用了 8 个小句;翟理斯译文用了 6 个小句,从语言精练的角度看翟理斯译文更胜一筹。同时杨宪益夫妇译文的并列句式比较多,句式相对单一、松散;而翟理斯译文的 6 个小句中多用定语从句衔接句子信息,句与句之间的关系也更为紧凑。

从主位推进的角度来看,原文前两句的"者……也"判断句式都为小句复合体。两个译文也都采用线性推进的模式,将"镜头层层推进,给醉翁亭一个特写"(付诗惟,2014)。差别在于杨宪益夫妇译文用了 4 个平行小句才完成原文这部分信息的传达,而翟理斯译文则用了 2 个复杂小句完成任务。从细节选词上看,对于"山行六七里"和"峰回路转"的翻译,杨宪益夫妇译文一采用引入 you 作为主语,为了将原文"行"的动作忠实译出,运用动名词短语 rounding a bend,依然不舍动作表达翻译"峰回路转"。翟理斯译文对这两处则采用了相同的处理方法——运用名词化的 a walk, bend of road。对于这两处处理的优劣,笔者同意何伟、张娇(2010:232)的论述。"山行六七里"这一过程以动词"行"体现,但原文并未交代动作者。我们可以像杨宪益夫妇译文那样增加主语 you,或 tourist 这样的第三人称,但"作者此处意在通过'山行'引出'酿泉',而非强调'山行'这个动作",因此使用名词化能够"弱化其动词的语义特征",也就"恰恰符合了原作者的意图"。同样,"峰回

"路转"的目的是为了让读者看到"有亭",并引出主角"醉翁亭",因此名词化的处理能够在精确、客观的基础上准确传达原作者想要表达的重点信息。翟理斯译文中与两个名词搭配的动词 brings、stands 使读者有"酿泉""醉翁亭"就在眼前的真实感、生动感。

关于原文两个自问自答句子的英译处理,前文已分析过这两个译文的可取之处,这里不再赘述。但需要说明的是,翟理斯译文对这两句话的处理,有误译的地方。一是对"山之僧智仙也"的处理,明显暴露了西方译者对于中国文化欠了解的缺陷。二是将"太守自谓也"误以为从太守处得名的是智仙。因此,笔者在欣赏西方译者语言长处的同时,笔者认为,在翻译中国典籍作品过程中,对于中国文化的准确理解,中国译者有着不可取代的优势。

对于原文"太守……而年又最高,故自号……"一句的处理,杨宪益夫妇译文用了两个平行关系的小句来翻译,翟理斯译文则用了一个复杂的小句处理。选词上,关于"故自号曰"的英文对应,杨宪益夫妇译文采用了比较正式的 he calls himself,而翟理斯译文用了 he gave himself 的表达,"突出了太守自封雅号的闲情逸致"。相比之下,杨宪益夫妇译文显得过于正式,"缺乏感情色彩,不能突出太守寄情于山水的情怀"(何伟、张娇,2010:235)。因此,对于这部分的翻译,无论是句式的选择在主位推进上的策略,还是具体措辞、语言层面上,翟理斯译文有更多亮点。

这一语篇的最后两句是点睛之笔,原文的主位推进模式与之前的小句也有所不同:

T1:醉翁之意　　R1':不在酒
　　　　　　　　R1'':在乎山水之间也
T3:山水之乐　　R2':得之心
　　　　　　　　R2'':而寓之酒也

此处,原文采用"述位分离"的主位推进模式,"让整句话前后呼应,既表达了'乐'的缘由,又烘托出'乐'的意境,主述位的分离对应构成精妙完整的语意"(付诗惟,2014)。而杨宪益夫妇译文和翟理斯译文对于这两个小句的主述位处理则更为简洁明了。

杨宪益夫妇译文：
T1：He　　　R1'：delights less in drinking than in the hills and streams
　　　　　　R1"：taking pleasure … and expressing the feeling …

翟理斯译文：
T1：But it　　R1：was not wine that attracted him to this spot
T2（=T1）：it　R2：was the charming scenery which wine enabled him to enjoy

虽然从表面上看,翟理斯译文用了两个小句,而杨宪益夫妇译文用了一个小句,但由于翟理斯译文两个小句的主位是同一个（T1 = T2 = it）,因此两个译文在这部分的主述位处理上有异曲同工之处：两个译文都采用了信息含量极少的主位（he, it）,而将重点放在述位的表达上,无论是杨宪益译文的现在分词的非谓语形式（taking … expressing）,还是翟理斯译文的分裂句的使用（was not）,都丰富并强调了述位部分的内容,从而使得读者注意力可以更多被述位内容所吸引,而这也正是原文所要强调的文眼所在——山水之乐。因此,两个译文在这一部分都很好地传达了原作的意图。

基于上述分析,笔者认为,面对同一原文,译者在选择译文的谋篇布局（也就是主位推进模式）时,可以有多种选择。而译者需要有意识地考虑哪一种选择更有助于传达原文的真实意境,同时又最符合译入语读者群的语言习惯,最终达到翻译的目的。在这一选择的过程中,译者的主体性发挥必不可少。译者主体性的发挥除了体现对译文主位推进模式的选择外,还可以通过积极使用动态投射得以实现。

（2）动态投射与译者主体性

动态投射概念来自隐喻映射。隐喻映射是认知语言学的基本概念之一，人们对此似乎已经了如指掌到不屑做更多讨论，然而正如王军(2011)所指出的，在被认为是"对映射问题做了迄今为止最为详尽的认知语言学阐释"的《思维与语言学中的映射》(Mapping in Thought and Language)一书中，尽管 Fauconnier(1997)详尽地描述了概念投射、概念整合、类推、指称以及虚实现实等相关问题，也指出了映射在意义构建中的关键作用，但"该书对映射本身的界定却不严格""未对映射下一个统一而严格的认知语言学定义，而是使用了一般的数学上的界定：'映射是两个集合之间的一种对应关系，使在一个集合中的每一个成分都可以在另一个集合中找到一个对应成分'"(王军，2011)，而这一定义也只是出现在了脚注的位置。

长期以来，人们要么把映射看作从源域到目标域的单向投射过程，要么视其为源域和目标域之间的一种静态匹配关系。而王军(2011)考证认为 Lakoff & Johnson 在 *Metaphors We Live By* (1980:171,214)一书中最早提及映射概念时，并未使用 mapping 一词，而是使用了与之基本同义的 projection。在 Lakoff 后来的 *Women, Fire, and Dangerous Things*(1987)一书中 mapping 才真正开始被使用。王军(2011)比较分析 Lakoff 及其合作者前后著述，发现 projection 一词的使用实际上是在强调隐喻的创造问题，而后来对 mapping 的使用和界定都是关于隐喻的解释或是理解的问题。前者是一个动态的创造性活动过程，而后者是隐喻特点的一种静态描述。因此，在隐喻问题上，传统意义上的映射应该进行静态和动态的划分，静态的映射称为"匹配"(mapping)，动态的映射称为"投射"(projection)(王军，2011)。

将动态投射和译者主体性问题结合在一起讨论并非为了牵强附会的跨学科。两者能够相结合是因为有着共同的本质特征。上文提到译者主体性的本质特征包括能动性、受动性和为我性三个方面，动态投射也在一定程度上体现了这三个本质特点。

译者主体性的能动性指的是翻译过程，译者作为主体必须发挥主观能动性才能完成翻译任务；动态投射过程中也一定要有

"动"才能区别"静"的匹配,"强调动态的创造性活动过程"(王军,2011:52)。受动性的特点则强调两者的"动态"和"主体"都不是没有限度的。动态投射到目标域并不是完全不同于源域的概念,动态创新的并不是概念,而只是语言表达法。同样,译者的主体性也受到客体的制约和限制,即原文文本。为我性在动态投射中体现的是隐喻的突显作用。通过动态投射,将源域中原本不明显的概念在目标域中突显出来。这在翻译过程中则对应了译者通过发挥主观能动性而在译文中实现翻译的目的。

动态投射和译者主体性相似的本质特征是将两者结合起来研究的基础。但两者之间的关系并不仅仅局限于拥有相似的本质特征,还在于两者在翻译过程中都不可或缺。当译者的地位从"隐身"变为"突显",翻译过程中译者主体性的重要性便显而易见。动态投射在翻译过程中的作用可以从翻译研究的认知观中得到一些启发。

现代隐喻理论认为隐喻是一种思维方式和认知手段,这样的基本立场无疑为翻译研究提供了有力可信的方法。这也是为什么很多学者是翻译隐喻观的支持者。隐喻论的映射观点更是为翻译过程研究提供了很好的解释途径,更科学地阐释了从源域(原文)到目标域(目的语)的转换过程。因此,将隐喻映射概念应用到翻译研究的尝试并不少见。更有学者直接指出翻译中原文与译文之间的关系"不仅存在着一一对应的指涉关系,而且还应当具有映射和还原映射"的认知关系(刘华文,2003);从更广义的角度认为"翻译活动本质上是认知层面的可译性向语言层面的不可译性的不断挑战,并不断拓展疆域的过程"(谭业升 & 葛锦荣,2005)。将映射概念进一步区分为静态"匹配"和动态"投射"的观点则给解释纷繁复杂、充满变数的翻译过程提供了新的视角。既然完全对等的翻译不可能存在,那么源域到目标域的映射也不可能仅仅通过静态匹配就能够完成,要完成翻译任务,动态投射的途径也就必不可少。

翻译过程主要包括对原文意义的识解和对译文语言的构建两个阶段。为了方便解释识解原文意义的过程,我们以典籍英译的翻译过程为例,结合认知隐喻观,在此过程中对原文意义的识解也就是从古代汉语(源域1)到白话文(既是目标域1,又是源域2)的理解过程。对译文语言的构建也就是从白话文(源域2)到英语(目标域2)的过程。这两个阶段反映了两次映射过程,如图4-9所示。

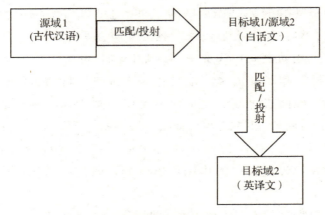

图4-9 映射过程

作为翻译过程的参与者,译者为了达到不同的翻译目的积极发挥其主体能动性,在识解原文时有目的性地选择映射角度,并通过动态投射突显其希望在译文中强调的概念。因此,动态投射和译者主体性的发挥之间存在着相辅相成、相映生辉的关系。一般而言,动态投射越多,译者主体性发挥越大。要衡量译者主观意识的强弱、主观能动性的大小,就需要借助外力的帮助,推动这一话题研究的进一步发展。动态投射概念的运用便是一个有利的途径。为了说明这一点,我们以《中庸》三个译本中对篇名的不同翻译为例。

典籍作品蕴含着丰富的文化意义,对典籍作品的翻译更需要译者主观能动性的发挥。同样此时的映射过程也就需要更多地使用动态投射,静态匹配并不能担当重任,也无法解释译本多样性的现象。例如,《中庸》篇名的三个常见译文是:

(1) 理雅各:The Doctrine of the Mean
(2) 辜鸿铭:The Universal Order or Conduct of Life

(3) 安乐哲、郝大维:Focusing the Familiar

同样的原文出现三个完全不同的译文,译者主体性的发挥"功不可没",而实现这一结果的原因是在翻译过程的两次映射过程中动态投射的运用。下文就具体讨论译者如何在识解原文意义和构建译文语言的过程中运用动态投射,发挥译者主体性,从而最终实现不同的翻译目的。

人们对"中庸"的理解多源于四书编撰者南宋学者朱熹。正如维基百科(http://zh.wikipedia.org/wiki/中庸)所指出的,宋明礼学对"中庸"的传统阐释是:"中者,不偏不倚、无过不及之名;庸,平常也。"然而一些学者认为这样的阐释有误,他们认为先秦"中庸"一词所谓的"中"是指"心中内在"的修持功夫,而非"不偏不倚处于中间"的行持处事。对这一核心概念的不同英译文也反映了译者对这一源域概念的不同理解。而作为篇名的"中庸"和作为核心概念在全文中反复出现的"中庸"的翻译策略也应有所不同,第五章会针对这一现象作具体解释。这里笔者先就事论事,只考察三个不同的篇名表达。

理雅各的译文用 the mean 对应"中庸",表明的是他所坚持"中庸"的本义——即孔子所说的行为举止有节制,无过与不及(王辉,2008:109)。理雅各的理解排斥子思后来在新的语境下对"中庸"意义的发展——在日常生活中恪守"中"道,实现"天命之性"的本体论观点。理雅各坚守本义,"表面上看是在维护圣人学说的纯洁性",其实是作为传教士不愿意看到一旦将这一概念的理解"上升到本体的高度""就等于为人类指出了一条不必依靠神恩救赎的超越途径"(王辉,2008:109)。由此可见,传教士理雅各为了其宗教目的,在对源域理解时,突显了可以为其所用的成分,更是在构建译文表达时积极主动地使用了 doctrine(教义、信条)一词,进一步强化了这一概念,从而折射了其翻译的目的——"理雅各翻译中国经典,目的绝非传播儒家之道,而是要了解儒教,进而予以批判或者利用"(王辉,2008:112)。对此,理雅各本人也直言不讳:"只有透彻地掌握了中国人的经书,深入研究过中国圣人的思想,才能理

解中国人的道德、社会、政治生活的基础,才能视为与传教士所肩负的职责相称。"(1861:vii)

辜鸿铭的翻译目的则恰恰是要颠覆理雅各这样的意图。在其《中庸》译序中,辜鸿铭(1906:xi,xii)表达了这样的愿望:"如果这本出自中国旧学的小书能够帮助欧美人民,特别是在华的欧美人,更好地理解'道',加强道德责任感,促使他们遵从道德律令,放弃欧洲'炮舰'与'武力'文明的傲慢与跋扈,对中国和中国人民待之以道,则我多年研究、翻译此书的努力庶几未白费。"正是出于这样的翻译目的,辜鸿铭对原文识解和译文语言构建都有非同寻常之处。虽然后来学者也因为此,对他的译本多有诟病,如王国维(1925),但这一译本也正体现了译者采用非常规的动态投射(几乎看不到源域概念的影子),彰显了其主体性的发挥,进而为其翻译目的服务。

理雅各、辜鸿铭的译本有着特定的时代性,而新时代的译者安乐哲、郝大维对《中庸》篇名的英译既不同于理雅各传教士的目的,也有别于辜鸿铭民族振兴的文化用心,其译本体现了"他们多年来拒绝用西方哲学的话语来诠释中国传统哲学的一贯立场,也体现了他们认为中国传统哲学的特点在于倾向于过程而非实体,内在而非超越,立人而非遵从律令,美学而非抽象认知的观点"(倪培民,2005:6)。因此,不同于以往的译本用实体性词汇来翻译,他们对篇名的翻译用了 focus 这一过程的词汇,用他们的术语是"场域与聚焦的语言"(倪培民,2001:5),从而实现他们希望英译本可以"揭示出《中庸》中所蕴涵的整体性和动态性的世界观"(倪培民,2005:6)的翻译目的。

三个译本的译者主体性在语言层面上通过动态投射得到了体现,动态投射成为译者在翻译过程中发挥实现主体性的一个途径,并进一步实现最终的翻译目的。正如 Halliday & Matthiessen(1999)所指出的,"经验的范畴和范畴之间的关系不是自然给予我们人类的,也不是被动映射到语言中的,而是语言主动构建的",而在翻译过程中,译者无疑是语言的主动构建者,译者的立场、出发点等主体性因素直接影响到译文概念范畴的呈现状态。源域到目标域的动态投射则为这样的主动构建提供了可能。译者主体性和动态投射在翻译过程中都起着至关重要的作用,动态投射更是译者实现翻译目的、发挥主体性的重要体现手段。

4.3.4.5 步骤五:回译检验译文

第三章中分析过回译对检验译文质量有着至关重要的作用,因此这一步骤在翻译过程中应被给予足够的关注。回译的定义有很多,但在本研究中笔者采用方梦之(2011:97)简单明了的定义:"把被翻译写成另一种文字的内容再转译成原文的过程和表达。"同时需要澄清的是,本研究中所说的回译不同于一些文化回译研究中的范畴。"文化回译"(cultural back-translation)指的是将用A国语言描写B国语言,让它们回归B国文化(梁志芳,2013)。文学作品中有很多这类用英文创作而成但其题材取自中国文化的例子,如赛珍珠的《大地》、林语堂的《京华烟云》《风声鹤唳》等。对这些英语语言创作的作品进行回译,更多的是可以再现中国文化。而笔者这里所说的回译指的是普通意义上的回译观,更多地强调其对译文质量的检验作用。

冯庆华认为,"回译是考察误译现象的最直接又是最可信赖的手段"(2002:443)。他们给出了回译流程图,如图4-10所示。

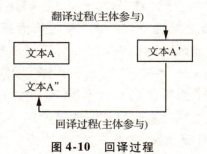

图4-10　回译过程

回译检验译文可以以"翻译过程"的结果即文本A'的可信度为条件,以文本A为参照,文本A'为桥梁,借助回译过程检验回译主体的翻译实践能力(冯庆华,2002:434)。但是,这常常是一种理想的状态。Baker(1992:8)就认为,回译可以让我们在一定程度上了解原文的结构,但是不一定能再现原文的意义。她也强调在她书中所使用的回译的例子"大多直译程度很高,回译中英文的质量并不等同于译文质量。读者,尤其是那些不以英语为母语的读者同时必须意识到回译中的英语不一定是正确的,不能和地道的英语相混淆。"(Baker,1992:9)王建国也认为,"因为译者有可能由于受文化因素的制约而译出不能对可信度做出绝对判断的译文,在这种情况下,回译难以检验回译主体的翻译实践能力"(2005:79)。如下面两个例子中霍克斯的翻译:

(1) 文本 A:怡红院
文本 A':The House of Green Delights
(2) 文本 A:心较比干多一窍,病如西子胜三分。
文本 A':She had more chambers in her heart than martyred Bi Gan; and suffered a tithe more pain in it than the *beautiful Xi Shi*.

例1中根据文本 A',回译文本 A''应为"怡绿院",是否可以据此说霍克斯的译文不具有可信度呢?显然这样的论断过于武断。霍克斯在其《红楼梦》译本的"译者前言"里指出,由于中国"红"的意象在西方鲜有对等之处(王建国,2005:79),因此才对原文的"怡红院"做了这样的翻译处理①。例(2)中译文文本 A'的斜体部分"对原语读者来说是多余的,而对英语读者来说则是相关的,如果译者根据该译文的语言回译,则很可能产生多余的信息""如果不按照该译文的字面回译,那么回译文很可能就是原文,从而起不到任何对译文质量的检验作用"(王建国,2005:79)。因此,要让回译真正起到检验译文的作用,远远"不仅仅是从原文到译文,再从译文到原文的简单一次性工作"(陈志杰、潘华凌,2008)。王建国(2013)指出,按照一般译者的回译文来进行英汉对比研究时至少涉及以下几方面问题:

---

① 有学者认为霍克斯的解释不足以服人,本书对这一翻译处理方法不加评论,只以此例说明回译中的英语不能和地道的英语混淆,从而强调下文中阐述的回译方法检验译文时需要考虑的问题。

（1）一般译者的个人翻译能力如何？

（2）他们受什么文化因素制约？

（3）他们有没有参照原文回译？

（4）他们有没有先预设在语言的某个层次上存在相同，而后回译时刻意回译成原文用词？

（5）他们有没有先预设在语言的某个层次上存在不同，而后回译时故意避开原文用词。

笔者认为，利用回译的方法来检验译文质量时也同样需要考虑以上几个问题。

王正良在其《回译研究》（2007）一书中将冯庆华所描述的从文本 A 到文本 A' 的翻译过程称为"顺译"过程。对于回译而言，顺译的结果，也就是译文文本 A' 被称为"译面"，而原语文本 A 则被称为"译底"。如果回译文本 A'' 与原语文本 A 能够完全重合便是"至译"，不重合则是"未至译"。未至译的回译文本被称为"译心"。译心越深就越接近译底（原文文本）。既然译底是固定的，就说明回译具有定向性。"如果说，对于顺译而言，有一千个译者就有一千个哈姆雷特，那么，对于回译而言，回译者再多，也只能奔向一个哈姆雷特。"（王正胜，2009：168）根据王正良的研究，回译的原则是"达至译底"（王正胜，2009：168）。他同时提出回译包括回译前分析、直译和至译三个阶段。在这三个阶段中，王正良所强调的一些影响因素和王建良所指出的需要考虑的问题中有共通之处。两者都强调回译者的双语文化知识的重要性；译者（包括顺译者和回译者）的个人翻译能力；回译者和原作者、顺译者之间的相互关系等。因此，这些问题也是在回译过程中普遍关注的问题。而作为中国典籍作品英译过程中的重要一步，在对这类译文进行回译检验时除了以上以往学者们讨论的共性问题，我们认为还需要特别注意以下几点：

1. 回译的理想状态是达至译底，而在典籍作品的英译过程中，作为检验译文的手段，回译为现代汉语即可。结合前文中所阐述的回译过程，笔者可以借鉴译底、译面等说法，将典籍英译过程中的几个文本的关系用下列符号和名称分别标注（表 4-15）。

表 4-15　文本关系符号和名称

文本	符号	名称
古代汉语文本	A1	一层译底
现代汉语文本	A2	二层译底
英译文文本	A'	译面
回译文本	A''	

比较 A'' 与 A2 的接近程度,就可以检验译文的质量。我们认为,要让回译文本达到或者即便是接近一层译底古代汉语文本,既没必要,也不现实。因此,对于典籍英译作品中的回译,A'' 能够到达二层译底已经可以被看作至译。当然这样的检验合理性取决于步骤二的完成情况。尽管我们认为不需要将译面回译至一层译底,但由于作为检验英文译文重要参照的二层译底,现代汉语文本的产生已经经历过了语内翻译的过程,因此,在评判 A'' 与 A2 的接近程度时,有必要参考一层译底,才能最终对英文译文是否合情合理给出全面客观的评判。

2. 作为一种特殊的翻译过程,回译时也存在是直译还是意译、是归化还是异化的问题。能够完全直译始终是翻译过程中的理想状态,意译其实是译者在无法进行直译的情况下做出的不得已的妥协。直译不是字对字的机械翻译,不是死译、硬译。而意译也不是肆意妄为的乱译、改译。只有在直译不可行的情况下,才需要译者进行调整,做出妥协,舍原文形式而保内容,或是改变原文形式。偶尔也会部分地舍弃原文内容而保形式。例如,翻译古典诗歌时,有时为了诗歌工整的对仗、押韵形式,译者只能舍弃部分原文内容。因此,通常遵循的原则是直译为先、意译为辅。在典籍英译的回译过程中,仍然需要遵循这样的原则,能直译便直译。但同时要注意到归化和异化的问题。"虽然归化和异化之争一直贯穿着中外的翻译历史,但对于回译而言,归化是不二的选择,这点在中国古典文献的回译中表现得尤为突出。"(王正良,2007:23)。笔者认可这样的观点,因为中国典籍作品负载着许多有别于西方文化的内容,在回译时,不能只看译面的字面内容,而要顾及中西文化的差异,才有可能给出客观的 A'',也才能真正反映 A'' 是否到达或接近二层译底(现代汉语文本),否则就会出现上文中说的"怡红院"还是"怡绿院"的问题。显然,这又可以追回到王建国(2005:79)所质疑的这些问题:回译译者本身的水平如何?是否参照了原文回译?是否在回译时刻意回译成了原文用词?抑或是故意回避了原文用词?而这也正是笔者认为在典籍英译过程中通过使用回译手段检验英译文时需要注意的第三点问题。

3. 为了避免译者水平限制或是太受主观影响的局限,应该更多地鼓励团队合作,从而避免一家之言。具体的做法是将顺译者(将原文翻译成英译文的译者)与回译者分离:一是可以通过同一作品,不同译者之间相互回译彼此的译面来相对客观地检验彼此的译面优劣;二是可以让未接触过原文文本(译底)的译者直接回译他者的译面,然后再将译底呈现在回译者面前,使之比较回译文本与译底的接近程度,最后做出客观的评判。顺译者和回译者的分离能够有效地避免评判不公的情况,这样的做法在典籍英译的教学中也可以起到更好的效果。

如果无法做到顺译者和回译者分离,两个角色必须由一人担任时,可以通过隔空回译的方法来最大限度地避免主观影响。所谓的隔空回译,是指译者做完顺译后将译面放置一段时间,具体时长根据原文本的长度和难易程度。当译者对译底印象模糊时,再进行回译,这样可以尽量避免原文在脑海中的记忆的影响,从而使回译文的检验作用更具有可信度。

4. 典籍英译作品的回译过程中要特别注意文化负载词的处理,才能使回译文真正起到对译文的检验作用。文化负载词(culture-specific words)是典籍作品中无法避开的难点。廖七一将文化负载词定义为:"标志某种文化中特有事物的词、词组、习语、成语和典故。这些词汇反映了特定民族在漫长的历史进程中逐渐积累起来的有别于其他民族的独特生活方式。"(廖七一,2000:232)Mona Baker 认为原语中某些词汇所要表达的概念在目的语文化中的读者看来有可能是完全陌生的。这些概念可能是抽象的,如宗教信仰或社会风俗;它们也可能是具体的,如某一地方小吃(廖七一,2000:21)。显然,要将这些具有浓厚文化色彩的词汇翻译到另一种文化中绝非易事。所幸的是,有精通汉英两种语言和文化的前辈译者给了我们处理这些词汇极好的参照。无论是林语堂的《京华烟云》,还是赛珍珠的《大地》,这些作品因为原文都是直接用英语语言来表达中国文化,无疑可以给我们现在英译典籍作品的译者在进行顺译时巨大的启发。同时,这些作品又有着文化回译为中文原文的译本,同样可以让我们在为了检验英译文而进行回译时有所借鉴。虽然前文中强调过本课题中所说的回译不同于文化回译的范畴,但在对典籍作品进行翻译的过程中,无论是顺译还是回译的过程中,可以借鉴文化回译中对于文化负载词的处理方法。

以林语堂的《京华烟云》为例。王程(2014)对原文前四章中出现的345个文化负载词进行分类统计。根据Nida的观点,文化可以分为生态文化(ecological culture)、物质文化(material culture)、社会文化(social culture)、宗教文化(religious culture)和语言文化(linguistic culture)五个分支,因此王程也就相应地将文化负载词汇分为生态文化词、物质文化词、社会文化词、宗教文化词和语言文化词(表4-16)。

表4-16 文化负载词

生态文化词	常言"月满则亏,水满则溢"。(《红楼梦》第13回)
	这是七月下旬,合中国旧历三伏,一年最热的时候。(《围城》,2001:1)
物质文化词	这真是"有缘千里来相会"。(《围城》,2001:12)
	"'巧妇做不出没米的饭来',叫我怎么样呢?"(《红楼梦》第24回)
社会文化词	唐朝的唐太宗很喜欢打猎。(《狼图腾》,2004:132)
	那芳官只穿着海棠红的小棉袄⋯⋯(《红楼梦》第58回)
宗教文化词	那他俩可能要提前天葬了。(《狼图腾》,2004:49)
	范举人因母亲做佛事⋯⋯(《儒林外史》,1958:94)
语言文化词	⋯⋯并把狼尸以两横两竖井字形的形状⋯⋯(《狼图腾》,2004:126)
	那所判"两日黄堂",便就是南昌府的那个"昌"字。(《儒林外史》,1958:202)

王程(2014:29)认为他所搜集的345个文化负载词主要属于前四类情况。他通过对比两个中文译本中对这些文化负载词的处理方法,总结出通常的翻译策略:省略、替代、意译、音译、直译和注解。王程用三个图表分析了这些策略在两个译本中分别对四种文化负载词的使用频率——第一个统计了具体使用数量,第二个用百分比显示使用比例,第三个用柱状图直观反映两个译本的译者对这些策略的使用频率。

表4-17 文化负载词使用数量

	Omission		Replacement		Paraphrasing		Transliteration		Literal translation		Annotation		Sampling
Ecological	2	1	11	11	1	1	9	8	9	11	0	0	31
Material	5	5	20	22	3	2	14	16	31	29	0	0	71
Religious	2	1	16	14	2	1	4	4	9	3	0	0	33
Social	11	10	66	63	15	9	43	43	81	90	0	0	210
Total	20	17	113	110	21	13	70	71	130	143	0	0	345

表4-18 文化负载词使用比例

Sampling	Omission		Replacement		Paraphrasing		Transliteration		Literal translation		Annotation	
Ecological	6.5	3.2	35.5	35.5	3.2	3.2	29	25.8	29	35.5	0	0
Material	7	7	28.2	31	4.2	2.8	19.6	22.5	43.7	40.8	0	0
Religious	6.1	3	48.5	42.4	6.1	3	12.1	12.1	27.3	39.4	0	0
Social	5.2	4.8	31.4	30	7.1	4.3	20.5	20.5	38.6	42.9	0	0

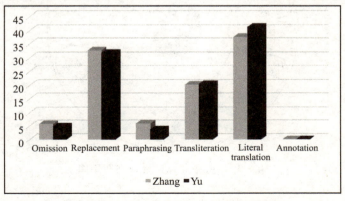

图4-11 文化负载词翻译策略使用频率

从上面的图表可以看出,两位译者的翻译策略上有共通之处,直译、替代和音译三种策略最为常用,这也在某种程度上反映了一定的普遍性和借鉴性,尽管不同的文本一定会有特殊性。

综上所述,回译是检验译文的关键手段,合理地使用回译的方法可以有效、客观地评判译文质量。但同时我们也要意识到回译不是对译文质量检验的唯一和绝对标准,正如朱永生、严世清(2011:12)所指出的,"译文质量的高低会直接影响对比分析的结论……通过译文的对比,在某种程度上能帮助我们看到原先也许没有看到或无法看到的语言差异。但是,我们也清楚地知道,从严格意义上说,翻译不等于对比。原文与译文的对比只能为我们提供一个大概的而不是绝对精确的结果。"同样,回译文本质量的高低也直接影响了对译文文本分析的结论,回译文本与原文文本的比较也只能给译者提供一个大概而不是精确的结果。对于译文质量的高低评判需要综合考虑多方因素才不至于使结论过于偏颇。

以上所分析的典籍英译过程的五个步骤不是相互孤立的,而是互相依赖的,不是先一再二的线性关系,而是环形发展、互为参照的关系。根据上文分析,本研究给出如下典籍英译具体过程图(图 4-12,表 4-19)。

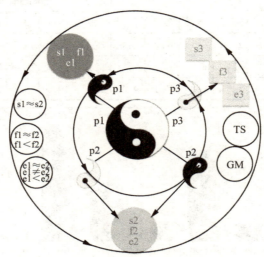

图 4-12　典籍英译过程详细阴阳图

表 4-19 典籍英译过程详细阴阳图对应术语

p1:古代汉语原文	s1:古代汉语原文序列
	f1:古代汉语原文图形
	e1:古代汉语原文成分
p2:现代汉语译文	s2:现代汉语序列
	f2:现代汉语图形
	e2:现代汉语成分
p3:英语译文	s3:英语译文序列
	f3:英语译文图形
	e3:英语译文成分
	GM:语法隐喻
	TS:译者主体性

相比较图 4-11,详细图首先将模式图的总体形态变为圆形,从而突出典籍英译过程各个阶段互为参照、相互依赖、完整统一的关系。第二个改变是在古代汉语原文(p1)到现代汉语(p2)的翻译过程中,增加了各自的序列($s1$,$s2$)、图形($f1$,$f2$)、成分($e1$,$e2$)之间的对应关系。第三个是在现代汉语(p2)到英语译文(p3)的翻译过程中,加入语法隐喻和译者主体性的步骤,强调这两个环节对构建最终地道译入语语言的重要作用。最后,通过 p1、p3 之间的双箭头表示回译检验译文的环节。

在接下来的第五章将以《中庸》文本为例,以实证研究的方法对 40 位受试者进行翻译过程及相关问卷回答的数据收集,并进行分析比较,以此检验该模式的切实可行性。

第五章　典籍英译模式应用
——《中庸》英译

《中庸》是重要的儒家经典。《中庸》和《大学》原来都是《礼记》中的一篇，后来与《论语》《孟子》合在一起称为"四书"，朱熹还为《中庸》做了章句集注。王国轩（2012：六）认为，"《中庸》在儒家典籍中，是高层次的理论色彩浓厚的著作。"朱熹更是认为，"读四书应最后读《中庸》，突出它的高深性。"（王国轩，2012：六）《中庸》对西方世界也有重要的影响。"梭罗在其著作《瓦尔登湖》中引用了《中庸》原文，庞德的《比萨诗章》中4次引述《中庸》中的经典章句，更在《比萨诗章》的扉页上印下了一个大大的'诚'字。"（宋晓春，2014：1）《中庸》中的哲学思想也经常被拿来和西方的苏格拉底哲学、亚里士多德哲学进行比较。

"定义和分类乃为学术求知之大端和基础。"（王宏印，2010：10）中国文化典籍所涵盖的远远不只是通常认为的四书五经，而是包括"四门"："一曰考据之学，目录、版本、校勘、辨伪、辑佚、文字、声韵、训诂等实证之学，是也。二曰词章之学，诗、词、曲、赋、文章、小说、俗文学等文字修辞之学，是也。三曰义理之学，凡经、子、玄、佛、理学、哲学、宗教等原理之学问，是也。四曰经世之学，乃指政治、社会、经济、史、地、兵、农、医、工、商、数等实用之学，是也。"（王宏印，2010：10）通常认为，将中国文化典籍按照经史子集的四分法进行分类最为完备。

经部：易类、书类、诗类、礼类（周历、仪礼、礼记、三礼总义、通礼、杂礼书）、春秋类、孝经类、五经总义类、四书类、乐类、小学类（训诂、字书、韵书）。

史部：正史类、编年类、纪事本末类、别史类、杂史类、诏令奏议类（诏令、奏议）、传记类（圣贤、名人、总录、杂录、别录）、史抄类、载记类、时令类、地理类（宫殿疏、总志、都会郡县、河渠、边防、山川、古迹、杂记、游记、外纪）、职官类（官制、官箴）、政书类（通制、典礼、邦计、军政、法令、考工）、目录类（经籍、金石）、史评类。

子部：儒家类、兵家类、法家类、农家类、医家类、天文算法类（推步、算书）、术数类（数学、占候、相宅相墓、占卜、命书相书、阴阳五行、杂技术）、艺术类（书画、琴谱、篆刻、杂技）、谱录类（器物、食谱、草木鸟兽虫鱼）、杂家类（杂学、杂考、杂说、杂品、杂纂、杂编）、类书类、小说家类（杂事、异闻、琐语）、释家类、道家类。

集部：楚辞类、别集类、总集类、诗文评类、词曲类（词集、词选、词话、词谱词韵、南北曲）。（王宏印，2010：10—11）

据此，笔者所研究的《中庸》属于经部，是儒家文化经典的代表作之一。

5.1 《中庸》的英译研究

虽然《中庸》作为正统的儒家文化经典，对社会文化思想有着重要影响，但相比较四书中的其他三本而言，对《中庸》的翻译研究则相对有限，这一点不仅体现在译本的数量上，也体现在相关的研究论文中。

5.1.1 《中庸》五个英译本

《中庸》最早的译本出现在1861年英国汉学家理雅各（James Legge）的《中国经典》（*The Chinese Classics*）[1]中。虽然对于该译

---

[1] Legge, James. *The Chinese Classics* [M]. New York: Dover Publishings, 1971.

本,学贯中西的辜鸿铭多有微词,认为理雅各作为外国人,并不能完全理解中国的儒家经典。中国人自己翻译的第一本完整的《中庸》是辜鸿铭1906的版本 The Conduct of Life or the Universal Order of Confucius①。"较之《中庸》对中国乃至世界文化的影响,其译本相对较少。而现代中国本土译者更是寥寥无几,这不能不说是一种遗憾。"(陈梅、文军,2013:21)除了上述两个译本,较为完整的《中庸》英译本还有1942年休中诚(E. R. Hughes)翻译的《大学与中庸》(The Great Learning & The Mean-in-Action)②、1963年美国华裔翻译家陈荣捷译注的《中国哲学文献选编》(A Source Book in Chinese Philosophy)③。而最近的英译版本应该算是2001年夏威夷大学出版社出版的安乐哲(Roger Ames)和郝大为(David Hall)合译的 Focusing the Familiar, a Translation and Philosophical Interpretation of the Zhongyong④。

在这些译本中,研究者尤其对辜鸿铭的译本青睐有加。根据陈梅、文军(2013)的统计,从2004年到2012年,中国知网(CNKI)、万方中文期刊及学位论文数据库上有关《中庸》英译研究的论文总共30篇,而其中研究辜鸿铭译本及译者翻译思想的研究就有20篇。这些研究主要包括:探讨辜鸿铭的翻译策略;为了对抗西方传教士,传播中国儒家传统的文化用心;从其个人经历的角度探讨其在翻译过程中译者主体性的发挥及整体上阐述辜鸿铭翻译思想的研究。

相比较之下,研究者们对于其他四个译本的关注则比较缺乏。研究理雅各译本和安乐哲、郝大维的论文到2012年只有3篇(陈梅、文军,2013)。尽管如此,即便不是专门分析理雅各的译本,作

---

① Ku, Hungming. *The Conduct of Life or the Universal Order of Confucius*[M]. London: John Murray Albemarle Street, 1920.

② Hughes, E. R. *The Great Learning & the Mean-in-Action*[M]. London: J. M. Dent and Sons LID, 1942.

③ Chen, Rongjie. *A Source Book in Chinese Philosophy*[M]. Princeton: Princeton University Press, 1963.

④ Ames, Roger & Hall, David. *Focusing the Familiar, a Translation and Philosophical Interpretation of the Zhongyong*[M]. Honolulu: Universtiy of Hawaii Press, 2001.

为与辜鸿铭译本进行对比的角色,理雅各的译本也还是多次被研究者提及。对安乐哲、郝大维的译本研究的论文肯定了安乐哲、郝大维的《中庸》译文中用过程性语言代替以往译者用实体语言来诠释《中庸》的意义(倪培民,2005)。虽然两位译者的译本远不如辜鸿铭译本所受到的关注,但正如4.3.4.4中所说,作为新时代的译者,两位新时代译者的译本既不同于理雅各的传教士目的,也有别于辜鸿铭的民族振兴的文化用心,因此应该也亟须引起更多研究者的关注。对休中诚和陈荣捷的译本则更是没有专门的探讨论文,只是在7篇涉及不同译本的研究论文中有零星的提及。

5.1.2 《中庸》英译研究现状与不足

如上文所说,陈梅、文军(2013)统计了从2004年到2012年7月31日这段时间内各期刊上有关《中庸》英译研究的论文和学位论文共30篇(表5-1)。

表5-1 《中庸》英译研究论文(2004—2012)

年份	数量	百分比(%)
2004	1	3.33
2005	1	3.33
2006	3	10
2007	1	3.33
2008	4	13
2009	3	10
2010	10	34
2011	3	10
2012	4	13
总计	30	100

笔者进一步统计了2012年下半年到2014年上半年短短两年时间内有关《中庸》英译研究的期刊文章和学位论文又增加了20篇之多(表5-2)。

表 5-2　《中庸》英译研究论文（2012—2014）

年份	数量	百分比（%）
2012	1	5
2013	15	75
2014	4	20
总计	20	100

从期刊文章和学位论文数量上看，近两年学者们对《中庸》英译的研究给予了越来越多的关注，但从研究内容上看，依然存在陈梅、文军(2013)的文章中总结的两大主要不足点：

（1）研究论文的视野和内容较为集中，有待多元化。从不同译本的选择上可以看出，大部分的《中庸》英译本研究集中在辜鸿铭译本上，对其他几个译本关注不够。虽然对不同译本的比较研究近两年有增加之势，但译本比较多是辜鸿铭译本与其他译本之间的比较。笔者统计的这两年的 20 篇研究论文中，标题直接出现"辜鸿铭"的文章就有 10 篇，占了一半。只有一篇直接探讨安乐哲的译本[①]。另有两篇期刊论文和一篇博士论文探讨了《中庸》英译研究的总体现状。还有一些进行的是译本比较研究。

（2）研究方法比较单一。迄今的 30 篇文章中（加上笔者统计的之后的 20 篇，共 50 篇），研究者主要采用的方法一般是以理论为基础，如翻译规范论、功能对等、归化异化策略、后殖民主义等，然后针对某种（或几种）译本来论证它（们）在翻译策略和方法选择的合理性或优于其他译本的原因。大多数论文主要采用这种解释说理式的定性研究方法，实证方法尚未充分运用。最近的这 20 篇研究论文中研究的理论视角还包括译者话语、比较哲学、动态顺应、文化过滤、目的论、哲学阐释学、生态翻译学、译者主体性等。虽然研究视角拓宽了，但研究方法依然是"解释说理式的定性研究"，实证方法依旧鲜见。

5.3 的内容将尝试采用实证研究的方法检验第四章所提出的

[①] 宋晓春.比较哲学视阈下安乐哲《中庸》翻译研究.《外语与外语教学》,2013 年 4 月.

典籍英译模式的可行性和可证性,从而也是对《中庸》英译研究的不足之处的努力。在此之前,下文将先就已有译本中对《中庸》主要的核心概念(成分)、小句(图形)和篇章(序列)的翻译做一个梳理。兼顾译本的影响力、译者的身份、时空影响等方面的因素,我们将着重考察以下几位译者的译本:理雅各(理译)、辜鸿铭(辜译)、安乐哲 & 郝大为(安译)。

5.2 《中庸》核心概念、小句、篇章的英译

为了避免讨论的凌乱,笔者通过审视以下两个重点段落的不同译文来分析其中涉及的核心概念、小句和篇章的翻译问题。之所以选取这两个段落,一方面是因为其在全篇中的重要意义,另一方面这两个段落包含了讨论《中庸》英译时经常涉及的几个核心概念:道、君子、诚。同时,两个段落的小句也有着各自的特点。需要说明的是,比较三种不同译本的目的不是为了讨论优劣,只是提供一个对比,并为下文的实证分析做了铺垫。

段落 1:《中庸》第一章

天命之谓性,性之谓道,修道之谓教。道也者,不可须臾离也,可离,非道也。是故,君子戒慎乎其所不睹,恐惧乎其所不闻。莫见乎隐,莫显乎微。故君子慎其独也。喜怒哀乐之未发,谓之中;发而皆中节,谓之和。中也者,天下之大本也;和也者,天下之达道也。致中和,天地位焉,万物育焉。

现代汉语译文[①]:

人的自然禀赋叫作"性",顺着本性行事叫作"道",按照"道"的原则修养叫作"教"。"道"是不可以片刻离开的,如果

[①] http://www.douban.com/note/132799023/.

可以离开，那就不是"道"了。所以，品德高尚的人在没有人看见的地方也是谨慎的，在没有人听见的地方也是有所戒惧的。越是隐蔽的地方越是明显，越是细微的地方越是显著。所以，品德高尚的人在一人独处的时候也是谨慎的。喜怒哀乐没有表现出来的时候，叫做"中"；表现出来以后符合节度，叫做"和"。"中"是人人都有的本性；"和"是大家遵循的原则，达到"中和"的境界，天地便各在其位了，万物便生长繁育了。

英译文：

理译：

What Heaven has conferred is called THE NATURE; and accordance with this nature is called THE PATH of duty; the regulation of this path is called INSTRUCTION. The path may not be left for an instant. If it could be left, it would not be the path. On this account, the superior man does not wait till he sees things, to be cautious, nor till he hears things, to be apprehensive. There is nothing more visible than what is secret, and nothing more manifest than what is minute. Therefore the superior man is watchful over himself, when he is alone. While there are no stirrings of pleasure, anger, sorrow, or joy, the mind may be said to be in the state of EQUILIBRIUM. When those feelings have been stirred, and they act in their due degree, there ensues what may be called the state of HARMONY. This EQUILIBRIUM is the great root from which grow all the human acting in the world, and this HARMONY is the universal path which they all should pursue. Let the states of equilibrium and harmony exist in perfection, and a happy order will prevail throughout heaven and earth, and all things will be nourished and flourish.

辜译：

THE ordinance of God is what we call the law of our being.

To fulfill the law of our being is what we call the moral law. The moral law when reduced to a system is what we call religion. The moral law is a law from whose operation we cannot for one instant in our existence escape. A law from which we may escape is not the moral law. Wherefore it is that the moral man watches diligently over what his eyes cannot see and is in fear and awe of what his ears cannot hear. There is nothing more evident than what cannot be seen by the eyes and nothing more palpable than what cannot be perceived by the senses. Wherefore the moral man watches diligently over his secret thoughts. When the passions, such as joy, anger, grief and pleasure, have not awakened, that is our true self or moral being, when these passions awakened and each and all attain due measure and degree, that is the moral order. Our true self or moral being is the great reality of existence, and moral order is the universal law in the world. When true moral being and order are realized, the universe then becomes a cosmos and all things attain their full growth and development.

安译：

What tian commands (*ming*) is called natural tendencies (*xing*); drawing out these natural tendencies is called the proper way (*dao*); improving upon this way is called education (*jiao*). As for this proper way, we cannot quit it even for an instant. Were it even possible to quit it, it would not be the proper way. It is for this reason that exemplary persons (*junzi*) are so concerned about what is not seen, and so anxious about what is not heard. There is nothing more present than what is imminent, and nothing more manifest that what is inchoate. Thus, exemplary persons are ever concerned about their uniqueness. The moment at which joy and anger, grief and pleasure, have yet to arise is called a nascent equilibrium (*zhong*); once the emotions have arisen, that they are all brought into proper focus (*zhong*) is called harmony (*he*). This notion of equilibrium and focus (*zhong*) is the great root of the world; harmony then is the advancing of the proper way (*dadao*) in the world. When equilibrium and focus are sustained and harmony is fully realized, the heavens and earth maintain their proper places and all things flourish in the world.

段落2:《中庸》第二十章最后一小节

诚者,天之道也;诚之者,人之道也。诚者,不勉而中,不思而得,从容中道,圣人也。诚之者,择善而固执之者也。博学之,审问之,慎思之,明辨之,笃行之。有弗学,学之弗能弗措也;有弗问,问之弗知弗措也;有弗思,思之弗得弗措也;有弗辨,辨之弗明弗措也;有弗行,行之弗笃弗措也。人一能之,己百之;人十能之,己千之。果能此道矣,虽愚必明,虽柔必强。

现代汉语译文:

真诚是上天的原则,追求真诚是做人的原则。天生真诚的人,不用勉强就能做到,不用思考就能拥有,自然而然地符合上天的原则,这样的人是圣人。努力做到真诚,就要选择美好的目标执着追求。广泛学习,详细询问,周密思考,明确辨别,切实实行。要么不学,学了没有学会绝不罢休;要么不问,问了没有懂得绝不罢休;要么不想,想了没有想通绝不罢休;要么不分辨,分辨了没有明确绝不罢休;要么不实行,实行了没有成效绝不罢休。别人用一分努力就能做到的,我用一百分的努力去做;别人用十分的努力做到的,我用一千分的努力去做。如果真能够做到这样,虽然愚笨也一定可以聪明起来,虽然柔弱也一定可以刚强起来。

第五章 典籍英译模式应用——《中庸》英译

英译文：

理译：Sincerity is the way of Heaven. The attainment of sincerity is the way of men. He who possesses sincerity is he who, without an effort, hits what is right, and apprehends, without the exercise of thought—he is the sage who naturally and easily embodies the right way. He who attains to sincerity is he who chooses what is good, and firmly holds it fast. To this attainment there are requisite the extensive study of what is good, accurate inquiry about it, careful reflection on it, the clear discrimination of it, and the earnest practice of it. The superior man, while there is anything he has not studied, or while in what he has studied there is anything he cannot understand, will not intermit his labor. While there is anything he has not inquired about, or anything in what he has inquired about which he does not know, he will not intermit his labor. While there is anything which he has not reflected on, or anything in what he has reflected on which he does not apprehend, he will not intermit his labor. While there is anything which he has not discriminated or his discrimination is not clear, he will not intermit his labor. If there be anything which he has not practiced, or his practice fails in earnestness, he will not intermit his labor. If another man succeed by one effort, he will use a hundred efforts. If another man succeed by ten efforts, he will use a thousand. Let a man proceed in this way, and, though dull, he will surely become intelligent; though weak, he will surely become strong.

辜译：

Truth is the law of God. Acquired truth is the law of man. The truth that comes from intuition is the law implanted in man by God. The truth that is acquired is a law arrived at by human effort. He who intuitively apprehends truth, is one who, with effort, hits what is right and without thinking, understands what he wants to know; whose life easily and naturally is in harmony with the moral law. Such a one is what we call saint or a man of divine nature. He who acquires truth is one who finds out what is good and holds fast to it. In order to acquire truth, it is necessary to obtain a wide and extensive knowledge of what has been said and done in the world; to critically inquire into it; to carefully ponder over it; to clearly sift it; and earnestly carry it out. It matters not what you learn, but when you once learn a thing you must never give it up until you have mastered it. It matters not what you inquire into, but when you inquire into a thing you must never give it up until you have thoroughly understood it. It matters not what you try to think out, but when you once try to think out a thing you must give it up until you have got what you want. It matters not what you try to sift out, but when you once try to sift out a thing, you must never give it up until you have sifted it out clearly and distinctly. It matters not what you try to carry out, but when you once try to carry out a thing you must never give it up until you have done it thoroughly and well. If another man succeed by one effort, you will use a hundred efforts. If another man succeed by ten efforts, you will use a thousand efforts. Let a man really proceed in this manner, and though dull, he will surely become intelligent; though weak, he will surely become strong.

安译：

Creativity (Cheng) is the way of tian; creating is the proper way of becoming human. Creativity is achieving equilibrium and focus (zhong) with out coercion; it is succeeding without reflection. Freely and easily traveling the center of the way—this is the sage (shengren). Creating is selecting what is efficacious (shan) and holding on to it firmly. Study the way broadly, ask about it in detail, reflect on it carefully, analyze it clearly, and advance on it with earnestness. Where there is something that one has yet to study or that, having studied it, has yet to master, do not stop; where there is something that one has yet to ask about or that, having asked about it, has yet to understand, do not stop; where there is something that one has yet to reflect upon or that, having reflected on it, has yet to grasp, do not stop; where there is something that one has yet to analyze or that, having analyzed it, is still not clear about, do not stop; where there is the proper way that one has not yet advanced on or that, having advanced on it, has yet to do so with earnestness, do not stop. While others can accomplish this with just a single try, I will try a hundred times, while others can accomplish this with just ten tries, I will try a thousand times. If in the end people are able to advance on this way, even the dull are sure to become bright; even the weak are sure to become strong.

现代汉语译文部分将在5.3中具体分析。这里着重讨论三个译本与古代汉语原文中成分(核心概念)、图形(小句)、序列(复合小句)的情况。

作为《中庸》全篇的开首章节,第一章的作用可谓"一篇之体要",具有全篇纲要的性质。接下来的十章大体都围绕第一章内容展开(王国轩,2012:45)。本章开篇便提出"天命"的概念。"这里讲的命,不是指富贵、贫贱、寿夭等命定内容,而是指个人的禀赋",因为人的禀赋是自然形成的,所以"含有道德内容的性。人人遵循各自的性,在日常生活中,就知道当做什么,不当做什么,这就有了常规,这就是道"(王国轩,2012:44)。在这一章节中,关于个人修养,"中和"这一关键范畴被提及,从而也就进入了全篇的主题"中庸"。第四章中我们讨论过作为篇名的《中庸》英译的分析,在这一段落中"中""和"的提出是"中庸"作为全篇正文中核心概念的一个反映。对其在正文中的英译处理也不同于作为篇名的处理,这一点值得仔细审视。

第二十章是《中庸》"全篇的重点,接续前章"(王国轩,2012:92)。这一章的内容比较丰富。首先从鲁哀公问政说起,讨论政事与人的关系,强调人的关键是道德修养。并进一步说明只有明了知行关系,才知道如何修身,也才懂得治人和治理天下的道理。接着进一步提出治理国家的九条原则,讨论其重要性,并指出实现这九条原则的关键在于"诚"。"诚"也是本章最后一节的内容,由"诚"引出天道和人道、圣人和凡人的关系(王国轩,2012:92—93)。"诚"在儒家经典中是个重要概念,同样在《中庸》中也是核心概念之一。

除了第二十章中的"诚",第一章还涉及另外两个核心概念:"道""君子",三个译本给出的英文各不相同(表5-3)。

表5-3 核心概念翻译

译本	核心概念		
	道	君子	诚
理译	the path	superior man	sincerity
辜译	moral law	moral man	truth
安译	proper way (*dao*)	exemplary person (*junzi*)	creativity (*cheng*)

这两个段落中,本研究重点考察三个译本中对以下两个图形(小句)和两个序列(复合小句)的英译情况(表5-4、表5-5)。

表5-4 图形翻译

图形1:

原文	是故君子戒慎乎其所不睹。
理译	On this account, the superior man does not wait till he sees thing.
辜译	Wherefore it is that the moral man watches diligently over what his eyes cannot see.
安译	It is for this reason that exemplary persons are so concerned about what is not seen.

第五章 典籍英译模式应用——《中庸》英译

图形2：

原文	博学之。
理译	To this attainment there are requisite the extensive study of what is good.
辜译	In order to acquire the truth, it is necessary to obtain a wide and extensive knowledge of what has been said and done in the world.
安译	Study the way broadly.

表5-5 序列翻译

序列1：

原文	道也者,不可须臾离也,可离非道也。
理译	The path may not be left for an instant. If it could be left, it would not be the path.
辜译	The moral law is a law from whose operation we cannot for one instant in our existence escape. A law from which we may escape is not the moral law.
安译	As for this proper way, we cannot quit it even for an instant. Were it even possible to quit it, it would not be the proper way.

序列2：

原文	诚者,不勉而中,不思而得,从容中道,圣人也;诚之者,择善而固执之者也。
理译	He who possesses sincerity is he who, without an effort, hits what is right, and apprehends, without the exercise of thought—he is the sage who naturally and easily embodies the right way. He who attains to sincerity is he who chooses what is good, and firmly holds it fast.
辜译	He who intuitively apprehends truth, is one who, with effort, hits what is right and without thinking, understands what he wants to know; whose life easily and naturally is in harmony with the moral law. Such a one is what we call saint or a man of divine nature. He who acquires truth is one who finds out what is good and holds fast to it.
安译	Creativity is achieving equilibrium and focus without coercion; it is succeeding without reflection. Freely and easily traveling the center of the way—this is the sage. Creating is selecting what is efficacious and holding on to it firmly.

下节将重点阐述针对本校40位MTI学生所做的典籍英译模式的实证研究,将说明:为什么以这样的群体为实证对象,该实证研究的具体操作过程,并分析40位受试者的相关译文及其与这三个参考译文的异同。

5.3 《中庸》英译过程实证研究

无论是翻译研究本身，还是翻译研究和其他学科，特别是语言学研究相结合的研究方法，共有的不足点都是缺乏系统的实证研究。各类翻译模式的提出，无论是极具影响力的 Bell 模式，还是本土肖开容的框架模式，都缺少关键的一步：实证检验。因此，本课题的实证研究内容将是对这些不足的突破。

5.3.1 实证对象

本实证研究选取的对象是本校 MTI 专业一年级下学期的 40 名学生。之所以选择这样的对象进行实证研究，是因为通过前期了解和问卷调查的相关译前问题，笔者发现，无论是笔译方向还是口译方向，这些学生所具有的如下共同特点可以在较大程度上反映实证结果的可信度。

（1）语言能力方面

这 40 名学生全部通过英语专业八级考试。他们经过严格的笔试、面试，进入专业硕士学习阶段，这表明受试的他们具有较好的英汉双语能力，因此他们提供的译文具有对比分析的价值和意义。

（2）专业的翻译课程训练

受试者都经历一个学期以上的专门翻译课程训练，具有一定的翻译素养。尤其是所有受试者都上过至少一学期的典籍英译相关的课程（本校英语本科直升 MTI 学习的学生则上过至少两学期的相关课程），因此对典籍英译过程有基本的了解。同时，所有 40 名受试者都有典籍英译的实践经历，虽然字数都很有限，在 5 千字以内。

（3）理论素养

从 MTI 入学专业面试情况看，受试者对主要翻译理论都有所了解并有一定的个人思考。因此，对我们在实证过程中所提供的相关资料有必需的理解力。

（4）理论认可

所有受试者都同意合格的翻译实践者同时应该具有一定的理论素养，都认为理论可以指导实践。同时，所有的受试者都认为与其他类型的汉英翻译相比较，典籍英译的难度更大，也都希望能够有一个适合典籍英译的模式图来指导自己的翻译实践。对理论作用的普遍接受和对相关理论的期待也就为笔者在实证过程中推出典籍英译模式提供了良好的心理认可度。

5.3.2 实证过程

实证研究主要分四个阶段，在五周时间内进行：预备热身（一周）、初译（两周）、再译（两周）、译后部分的问卷调查（上交再译译文时同时进行）。

（1）预备热身阶段

完成译前问题部分的问卷调查，了解受试者的背景情况和对典籍英译的理解等。提供给受试者以下电子档材料：《中庸》原文、现代汉语译文、相关背景知识介绍及主要的三个英译本（理译、辜译、安译）。要求受试者在一周时间内通读材料，做好充足的准备。此阶段可以和同伴讨论各自对材料的理解，也鼓励自主挖掘、搜索更多的相关材料。

（2）初译阶段

布置受试者具体的翻译任务，包括英译《中庸》的核心词汇（道、君子、诚）和两个重点段落（第一章和第二十章最后一小节）。受试者可以跳过从古代汉语到现代汉语的语内翻译过程，借助笔者所提供的现代汉语译文，直接进入汉语到英语的语际翻译阶段；也可以先提供自己的现代汉语译文，再在此基础上进一步进行语际翻译。这部分翻译任务要求受试者独立完成，可以借助字典、网络等以及前期各种材料的参考。虽然在这一阶段，笔者放足了两周的时间，但要求受试者在一周内完成初译稿并发送到笔者邮箱，这些译稿将有一周以上的"封存"时间。提出这样的要求是为了下一个阶段——再译阶段取得更好的效果。

（3）再译阶段

初译任务布置两周后，在布置再译任务之前，笔者首先向受试者呈现了三个模式图：Bell模式图、框架模式图及笔者提出的专门针对典籍英译过程的阴阳模式图。这三个模式图笔者都呈现了简图和详细图两种。接着笔者向受试者详细解释了三个模式图各个阶段的内容，只做知识性的介绍，不加任何主观点评，但推荐了相关书籍和参考文献供受试者参考。最后，布置再译阶段的任务。要求受试者在第四周不看自己的初译文，根据记忆思考初译时的难点，结合提供的三个模式图，有的放矢地对照模式图提及的各阶段注意点，思考再译时可做的修改与完善。这个过程中可以和同伴讨论交流。最后一周（第五周），发还初译稿，受试者先独立进行修改与完善，用红色标注进行改动的地方，最后可以与同伴交流、互改。

（4）译后部分问卷调查

通过相关译后问题的提问，分析了解受试者在完成翻译任务时遇到的具体困难及相关处理方法、典籍英译模式图的具体帮助等情况。有关详细的问题及问卷结果，笔者将在5.3.3.4中详述。

通过向受试者提出译后问题及整个实证过程的分析，一方面，希望能够窥见典籍英译对于现代译者而言的普遍难点所在；另一方面，更希望能够检验第四章中所提出的典籍英译过程模式在多大程度上可以对翻译实践起到指导作用。同时也通过受试者的反馈，可以管中窥豹地给典籍英译在翻译专业硕士的教学中以一定的启发。

5.3.3 数据收集与分析

在进行数据收集和分析之前，必须说明一个问题：关于受试者任务的现代汉语译文。受试者被提供了参考的现代汉语译文，他们可以选择重新给出自己的现代汉语译文，也可以直接参考所给译文进行语际翻译。40位受试者都没有重新进行古代汉语原文到现代汉语的语内翻译过程,而是直接参考了所给译文,直接进入汉英互译阶段。这点值得进一步深思。

数据收集和分析的实证研究部分主要进行两方面的内容:一方面,受试者所给出的相关成分、图形、序列的英文译文;另一方面,他们对于问卷调查的回答情况。

5.3.3.1 成分英译——三个核心概念"道""君子""诚"

受试者所需要翻译的两段重点段落涉及三个核心概念。上文给出的三个参考译文中,由于译者不同的时代背景、文化用心、翻译目的等给出了三个截然不同的译文,而象牙塔中这40位译者又会给出怎样的译文是笔者拭目以待的。

(1)"道"的英译

40位受试者给出"道"的英译文可谓五花八门,出现了13种情况之多:其中将其译为(the) Way 的最多,有17人;位居第二位的译文为 Dao/Tao。其他译文就非常零散:3人将其译为 principle;3人译为 path(参考了理雅各的译文);其他9种译文各有1人:the rule、logos、moral law(参考辜鸿铭译文)、law、the way of nature、inevitable process、doctrine、process、moral codes。对"道"的翻译,学界有过不少讨论。受试者译文中出现的所有这些译法也都有据可循。正如前文所说,40位受试者都上过至少一学期典籍英译的课程,因此对中国各类古典作品的翻译知识有所了解。"道"的翻译也是这类课程常用的经典例子。

作为中国特色的哲学范畴,"道"和其他诸如"德""仁""义""理""礼"等概念共同形成了与西方哲学不同的中国哲学话语系统。但值得我们注意的是,在不同中国哲学经典中,"道"的内涵也会有所不同。老庄哲学中的"道"与孔孟之"道"不可混为一谈。正如邢玥(2014:168)所认为的,当"道"与"天"联系时称为"天道",当"道"与"人"联系时称为"人道"。"天道"多与自然、宇宙相联系,强调世界发展的法则。因此,老子《道德经》中的"道"更侧重天道,强调自然法则。"老子所谓道,既非儒者之所道,因而其所谓德,亦非儒者之所德。"(蔡元培,2000:16)除了"天道","道"

还指"人道",体现在社会文化、政治、道德等各个方面,强调人应当"做什么""如何做"的问题。孔子《论语》中的"道"就更侧重"人道",人伦之道。而《中庸》中提及的"道"的情况则复杂些。"道"在《中庸》中共出现了 59 次,分别"从天道、人道和修道三个角度阐述了教育的前提、内容和方法"(邢玥,2014:168—169)。首篇中出现的 5 次"道",除了"修道之谓教"偏向指"如何做"的"人道",其他四处——"率性之谓道""道也者""可离非道也""天下之达道"——则更多指宇宙间存在的普遍规律和发展准则的"天道"。

理译对"道"的核心翻译是 the path,但将第一处的"率性之谓道"的"道"处理为 the PATH of duty,增加 duty 一词强调"责任""义务"的含义,但是否能担当表达宏大"天道"的重任有待商榷。"天下之达道也"中的"道",理译处理为 the universal path,增加 universal 的宇宙通用性含义。

辜译将首章中的前四个"道"都处理为 moral law,有强调"道德""德性"的良苦文化用心,力图"弘扬中国文化,有效传达中国人和中国文明的形象"(邢玥,2014:169)。这一点在其英译《中庸》序言中有着清楚的表达。

"我认为中国文明是一个道德的、真正的文明。首先它不仅公认这种道德责任感,将其作为社会秩序的根本基础,而且还把使人们完满地获得这种道德责任感作为唯一的目标,因而在社会秩序、教育方法、统治方法和所有社会设施中都贯彻这一目标,旨在教育人们获得这种道德责任感;所有的那些习俗、风尚和娱乐,都只是通过激励和规划使人们容易服从这种道德责任感。简而言之,在人类朝着他们前进的方向上面,中国文明树立了一种理想的目标,它不是要限制每个人的快乐,而是限制自我放纵,使每个人都得到幸福,'致中和,天地位焉,万物育焉'。"……"就我有限的知识来看,在所有欧洲文学作品中,无论是古代的还是现代的,都没有见过像在这本小书中(《中庸》)所发现的那样简单明了到了极点,同时又如此

第五章 典籍英译模式应用——《中庸》英译 | 151

完整而丰富地关于道德责任感或道的阐说。"

由此可见，辜鸿铭所理解的"道"更多的是从中国道德感的角度，他弘扬民族自豪感的目的也有清晰的表达：

"如果这本出自中国古代智慧的小书能有助于欧美人民，尤其是那些正在中国的欧美人更好地理解'道'，形成一种更明白更深刻的道德责任感"……"无论是以个人的方式，还是作为一个民族同中国人交往的过程中，都遵从道德责任感——那么，我将感到我多年理解和翻译这本书所花费的劳动没有白费。"

所以，辜鸿铭将"道"译为偏重道德感的 moral law 也就不难理解了。采用相同或类似译法的受试者也认可辜鸿铭这一民族用心。尽管如此，辜译在处理"达道"时，依然选择了将 moral 换为了 universal，凸显"天道"本意。

占绝大比重的受试者将这一核心概念译为(the) Way，比较多的是受到典籍课程中所讲授的《道德经》译文的影响。安译 proper way 也和这一译文比较接近。不同之处在于安译采用了意译和音译相结合的做法。这一做法和陈荣捷的处理方法一致：陈荣捷也是采用了意译和音译相结合的方法，将其译为 the Way(Tao)。应该说，在处理文化负载词时，这样的处理方法有值得推崇的地方：既可以避免直接音译给没有中国文化背景的西方读者带来不知所云的困惑，又比单纯的意译更能适时推介中国文化的核心词汇，推动中国文化走出去。另外，way 一词对应"道"，并没有特别偏向"天道"还是"人道"的隐含义，可以说是一种模糊的处理方法，因此在首章中的 5 处"道"的对应都可以通用。但值得思考的是，安译在 way 前增加了修饰词 proper，这样的处理是否有必要？用大写的 Way 是否更能体现"道"的特定性？在对"道"的翻译上，17 位采用(the) Way 译文的受试者，首章中出现的 5 处"道"都保持了一致的译法，等同安译的处理方法，无可厚非。但其他受试者无论给出的是偏向"人道"还是偏向"天道"的英文对应,也都在5处"道"的地方给出同样的译文,并未像理译和辜译版本那样会对最后一处"达道"做特别的处理。这也是值得笔者进一步探讨的问题:同样的古代汉语成分在不同的语境中有着不同的侧重含义,英译者在进行翻译时是否给予了足够的关注?

(2)"君子"的英译

"君子"这一概念有着深厚的文化渊源。撇开现代概念的范畴,"君子"在典籍作品中的概念主要分为两个阶段:首先是作为一个男性概念出现在《诗经》《尚书》《左传》等作品中;接着是"儒家经典作品对'君子'范畴的丰富与发展使之成为一个儒家文化的中心词"(边立红,2006:94)。孔孟推崇君子德性。"君子理想构成了维系中华文明数千年的士大夫传统之精神范型,使其成为文明规则系统忠诚而活跃的守护者,致力于为国家治理提供各种文化、社会与政治的精英与权威。"(任锋,2014:13)

在所提供的现代汉语译文中,将《中庸》首章中的"君子"解释为"品德高尚的人",这也是为什么受试者中有12人受这一解释的影响,将"君子"英译为以 noble 为关键词的表达:9人译为 a man of noble character;2人译为 a noble man;1人译为 a noble-minded person。王国轩(2012)和傅佩荣(2012)所给的现代译文中则都没有对"君子"一词做额外的阐释。即便是朱熹的《中庸章句集注》也依然保留了原文"君子"的表达。笔者认为,仅仅把"君子"解释为"品德高尚的人",还是不能够完全表达原词的所有内涵,那么对应的用英语 noble 也同样不能翻译到位。

在儒家经典中,常见的"君子"英译的对应有 superior man 和 gentleman。理雅各在其《中庸》译文中对所有"君子"一次的处理都和他翻译的其他儒家经典一样,采用了 superior man 的表达。笔者的受试者也有10人采用了这一译法。这一译法受到了其他不少译者的认可,如陈荣捷。的确,君子在儒家思想中是德行、修养各方面都高出普通大众的精英。英文的 superior 一词基本能够表达这样的内涵。但乔飞鸟(2012)根据《简明牛津词典》(1990)给出的 superior 的释义,认为该词"在英语世界被广泛用于贬义,常用来讽那些自以为高人一等，具有优越感（superior complex）的人（superior persons）"（乔飞鸟，2012：103）。牛津词典的释义为（1990：1224）：

> superior：… b. having or showing a high opinion of oneself superior persons：the better educated or elite；prigs

由此释义看，用带有讽刺意味的 superior man 来翻译表示美好中国文化内涵的"君子"的确似乎有所不妥，尽管这一对应在各个译本中都很常见，也的确可能会给西方读者造成文化误导，正如曾经的"龙"（dragon）一样。这一点也可能是很多受试者没有意识到的。

另一个受欢迎的译文是 gentleman。受试者中有 8 人采用了这一译法：其中 7 人直接用 *junzi*，1 人呼应前面的"道"的翻译，增加了限定词，将"君子"译为 way-keeping gentleman。译者对这一对应的推崇则很大程度上是考虑了 gentleman 一词在英语国家的广泛受欢迎程度。西方人对于这一词汇的印象基本都是高雅、高尚。在经典的文学作品中，这一词汇也屡见不鲜，如《傲慢与偏见》。因此，用这一英语表达来对应，从读者接受的角度看，认同度会更高。另外，Webster 词典给出的 gentleman 的释义为：chivalrous well-bred man; man of good social position; man of noble birth; man（used as a mark of politeness）（黄斐霞，2014）。这一释义体现了 gentleman 的内涵义（有教养的），这也吻合儒家经典对"君子"的定义："君子"就是有教养的人，有教养体现在道德高、学问高、形象高、境界高（黄斐霞，2014）。

当然也有学者认为不论是 superior man 还是 gentleman 都无法完全表达君子的品质与身份，引用于丹《论语心得》的译法直接音译为 *junzi*。受试者中也有两人采用了同样的做法。而所参考的三个译本，安译采用了一贯的"意译+音译"的做法，将其译为 exemplary person（*junzi*）。和"道"的译法讨论一样，笔者同样认为只用音译，对于西方读者的接受度来说，可能有所损伤。安译的意译部分采用 exemplary 一词为了突出君子的榜样作用,这一译法比较少见、生僻。受试者也都没有人采用这一译法。

虽然对"道"的翻译,受试者采用辜译的 moral law 版本不乏其人,但对"君子"的英译上,却没有人采用辜译对 moral 的沿用,没有将其也处理为 moral man,这是一个有趣的现象。除了上述几种对"君子"的英译版本,受试者还提供了以下三种英译:man of virtue(6 人),a cultivated man(1 人),a wise man(1 人)。笔者认为,用这三种表达对应"君子"都还是过于狭隘,不能完全表达出"君子"的内涵义。man of virtue 更多侧重德,君子的定义不光有德,也有行。a cultivated man 强调后天修养的重要,而忽视了"君子"先天的品性。至于 a wise man 则和"君子"的概念相差较远。

(3)"诚"的英译

相比"道"和"君子"的英译,受试者中对"诚"的英译最为统一:高达 29 人采用了和理雅各一样的译文 sincerity,5 人译为 integrity,4 人采用 honesty,译为 good faith 和 truth 各 1 人。宋晓春(2014:130)总结过各类译本中对"诚"的英译(表 5-6)。

表 5-6 "诚"的英译

译本	"诚"的英译
柯大卫译本	sincerity
理雅各译本	sincerity(1861 年版) perfection of nature(1885 年版)
辜鸿铭译本	true,truth
休中诚译本	realness
庞德译本	sincerity the perfect word or the precise word
陈荣捷译本	sincerity
翟楚和翟文伯的合译本	sincerity
莫兰译本	integrity
安乐哲和郝大维的合译本	creativity(cheng 诚)
浦安迪译本	integral wholeness
迦达纳译本	truthfulness
江绍伦译本	sincerity
卜德翻译冯友兰《中国哲学史》中《中庸》的选段	起初译为 perfection,后来用 ch'eng

从这张表格中也可以看出,将"诚"译为 sincerity 的占绝大多数。受试者译文出现的 integrity,truth 等译文也都有译者尝试过,但我们无法只依据频率就认为 sincerity 是"诚"的最佳对应。

对"诚"的辞源解释可以追溯到《说文解字》:"诚,信也。从言,成声。信,诚也,从人从言。"(许慎,1963:52,31)在《中庸》之前,"诚"字已经被广泛用于各类典籍作品中,如《诗经》《尚书》《左转》《论语》《老子》《周易》《孟子》等。在这些典籍作品中,"诚"有些是作为无实在意义的语气词出现,有些具备了伦理学上诚信之意,但都比较零散。唯有《中庸》用"诚"贯通天人之道,将之作为全书的思想支柱。作为《中庸》一书的核心范畴,"诚"字在《中庸》一书中共出现了 25 次,多集中在第二十章到第二十六章,以及第三十二章。"因此,也可以说,《中庸》第二十章以后的内容是以'诚'为中心而展开的。这些'诚'从含义上可以分为两类:天道之诚和人道之诚。从修养的层面上也可以分为两类:圣人之诚和贤人之诚。""虽然《中庸》中的'诚'有不同的含义、不同的层面,但其侧重点还是落在了人道之诚、人性之善的方面,并且作者的最终目的是希望通过自诚而明的过程达到'参天地之化育'的天地人并立为三的境界。在这个过程中,'诚'就不但具有了宇宙本体论的意义——天地万物之本,而且有道德本体论的意义——人之为人的道德属性,最重要的还是一个贯通天人、连接物我的桥梁、中介的作用。"(谢瑞娟,2009:12—13)虽然此次翻译任务(第二十章最后一节)后半部分更多的是具体表述个人修为,但前三句出现的"诚者"和"诚之者"中的"诚"既表示"真实无妄"的宇宙本体论意义,也强调"人道之诚"的道德本体论意义。陈荣捷对《中庸》中"诚"的思想的描述也更可以凸显"诚"的含义,不仅仅在心理学上,也包括形而上学、宗教的丰富的内涵:"联结天人合一的性质是'诚','诚'意指诚实、真理或实在。这个观念在《中庸》里讨论得颇为详尽,它有心理学上的、形而上学的、宗教的含义。诚不只是心态,它还是一股动力,无时无刻地转化万物、完成万物,将天人联结到同一的文化之流中。因为它是神秘的,所以也是超越的;但它务实的一面也不应当被忽略掉。事实上,如果确是真诚,就必然得困知勉行。"(陈荣捷:2006:106)因此,正如杜维明在《〈中庸〉洞见》中所说,"诚"有 sincerity, truth, or reality 几层含义(1989:71)。可见,用其中任何一个英文对应《中庸》中的"诚"都不够全面、完整。

值得关注的是,如上表中列出的多个版本对"诚"的英文译文,理雅各的译文有所调整。在笔者给的 1861 年版参考译文中,理雅各是将其译为 sincerity,但在 1885 年的版本中理雅各对这一核心概念进行了大的调整,将其译为 perfection of nature,并给出了解释:"《中庸》中'诚'频繁出现,sincerity 并不是一个恰当的翻译,'诚'万物皆有,上帝赋予人天性为'诚','诚'乃人之本性,perfection 可以被言说为真实的、完整的完成或正在完成的过程,这个译法更符合'诚'的内涵。"(宋晓春,2014:149)理雅各这一变化倒是和安乐哲、郝大为将"诚"译为 creativity 的动态译法的出发点相似。由于《中庸》中的"诚""不仅仅是一种主体的心理状态,尤其不能将它放在笛卡尔的心物二元论的框架中去理解。在《中庸》里,诚也是一个成己成物的过程。"(倪培民,2005:9)安、郝认为,"由于作为不存二心的 sincerity 和作为健全、整体状态的 integrity 都必须涉及成为一体的过程",因此"诚"应当"被理解为一个创造性的过程"(Ames R & Danid Hall, 2001:32)。既然"诚"也是一个"成"的过程,是一个"成己成物"、成天道、成人道的过程,那么安译文中用 creation 翻译"诚"以及用 creating 这一动名词对应"诚之者"的动态译法似乎更能够巧妙地将"诚""成"的含义结合起来。因此,从这个意义上说,看似不合原文意的理雅各 perfection of nature 的译文和安、郝的译文应该可以带给后来的译者更多的启示。可惜的是,这一看似违背常理的译文并未引起受试者的关注和深思。

通过对以上三个核心概念的英译分析,笔者发现,古代汉语的成分解释为现代汉语时不光存在笔者第四章所分析的单双音词的转换(道——途径、方法;诚——真实、诚恳)和词性的变换(诚的动态化)中,更由于《中庸》特定的哲学性,使得这些看似简单的古代汉语成分具有丰富的哲学内涵,现代汉语有时都无法用简单的成

第五章 典籍英译模式应用——《中庸》英译 ‖ 157

分去对应,更不用说放到译入语语言中。因此,对于这三个核心概念出现的可能译文,除了将它们处理成音译的做法,意译时原文成分的角色在英译文中有时需要升级为图形的功能。

5.3.3.2 图形的英译——两个小句

如第二章和第四章所述,古代汉语、现代汉语和现代英语的图形主要都是由一个过程和一些参与者组成,有时包含一些环境成分。过程也都体现为感知、言语、行为和存在四个过程,虽然实现形式有些是通过固有的语法时态系统(现代英语),或是通过小品词(古代汉语和现代汉语)。这样的共同性是进行互译的基础,但在实践翻译的过程中,无论是语内翻译还是语际翻译,图形的组成部分,不管是过程、参与者或是环境成分,都未必能做到理想的一一对应,实际情况要复杂得多。笔者将审视两个段落中的两个图形,对比受试者和参考的三个译文,分析翻译过程中译者对图形的处理策略。

(1)"是故君子戒慎乎其所不睹"的英译

这是一个相对复杂的图形。下文将从这一图形的古代汉语原文、现代汉语译文和英译文(三个参考译文和受试者提供的译文)的过程、参与者和环境成分三方面的情况进行对比分析,从而考察翻译过程中的问题。

古代汉语原文图形是一个感知图形(sensing),反映的是心理过程("戒慎乎");参与者是"君子";环境成分是"是故"(表示因果)。原文图形还包含了一个被投射的(projected)关系:感知图形("戒慎乎")把思想投射为事实("其所不睹")。

对这一古代汉语原文提供的现代汉语译文是:"所以,品德高尚的人在没有人看见的地方也是谨慎的。"这个小句体现的则是一个存在图形(being),反映的是关系过程("是谨慎的")。参与者不变,仍然是"人"("品德高尚的人");环境成分是"所以";图形关系是被投射关系("在没有人看见的地方")。笔者在第四章讨论过,在图形上,现代汉语和古代汉语的差别不大,但并不意味着语内翻译能够做到高度重合。我们可以从这个例子看到,所提供的现代汉语译文和古代汉语原文在图形转换时还是有比较大的变化。更复杂的是,这一现代汉语译文只是一个参考,并不是唯一的版本。但遗憾的是,笔者的受试者没有尝试给出自己理解的现代汉语译文。为了比较,也为了说明语内翻译对于最终英译文的影响,我们再来看两个对这句原文给出的不同解释。

王国轩(2012:47)将其译为"所以,君子在别人看不见的地方也是谨慎的"。这一句和笔者提供给受试者的现代汉语参考译文基本一致,因此不再累述。而傅佩荣(2012:37)的解释则有较大不同:"因此之故,君子对于他所没见过的事也戒惕谨慎。"这个译文中体现的是感知图形(sensing),是心理过程([感到]"戒惕谨慎");参与者相同,仍然是"君子";环境成分也一致:"因此之故";图形关系同样为被投射关系("他所没见过的事")。

三个参考英译文的情况则是:理译文为行为图形(doing),物质过程(does not wait);参与者为 the superior man;环境成分为 on this account;图形关系为被投射关系(till he sees things)。辜译是感知图形,心理过程(watches diligently over);参与者 it(the superior man);环境成分为 wherefore;图形关系为被投射关系(what his eyes cannot see)。安译则是感知图形(sensing),心理过程(are so concerned about);参与者为 the exemplary persons;图形关系也是被投射关系(what is not seen);环境成分则相对比较复杂——安译没有像前两个译本一样采用简洁的表示因果关系的成分,而是另外用了一个表示关系过程的图形来表达:it is for this reason。从句型特点看,安译也许是为了强调这一原因的重要性。我们将这一图形的翻译过程情况总结在表 5-7 中。

表 5-7 图形 1 的过程

文本		图形类别	图形过程	参与者	环境成分	图形关系
古代汉语原文		感知	心理	人	因果词语	被投射
现代汉语	译文1	存在	关系	人	因果词语	被投射
	王译	存在	关系	人	因果词语	被投射
	傅译	感知	心理	人	因果短语	被投射

第五章 典籍英译模式应用——《中庸》英译 ‖ 159

(续表)

文本		图形类别	图形过程	参与者	环境成分	图形关系
英译	理译	行为	物质	人	因果短语	被投射
	辜译	感知	心理	人	因果词语	被投射
	安译	感知	心理	人	存在图形	被投射

由此可见,无论是现代汉语译文还是所给的三个英译文,存在的主要分歧在于图形过程上。过程通常由相关动词来实现,所理解的过程不同,选词表达也就不同。虽然无法探究所给三位英译者在翻译过程中的心理状态,但对于现代译者而言,我们认为英译文的措辞很大程度上受到了现代汉语译文的理解的影响。对于这个图形,现代汉语的理解有较大分歧,而这一现象并非个例。在典籍英译的过程中,由于现代译者古文造诣的欠缺,这是一个颇具挑战的部分,他们往往不能深刻理解古代汉语原文的含义,有时也不去深究所提供的现代汉语参考译文。关于这句话的理解,朱熹《中庸章句集注》中给出的解释是:"是以君子之心常存敬畏,虽不见闻,亦不敢忽。"(傅佩荣,2012:115)根据这个解释,将这句话理解为心理过程似乎更妥。但我们的受试者由于都直接采用了所给的现代汉语译文(译文1),因此提供的这个小句的英语译文出现了很大程度的相似度:30人将其译为关系过程,所用的表达集中在 be cautious/prudent/self-restraining/self-disciplinary。9人译为物质过程,所选词汇也比较接近:behave (with cautiousness)/cautiously。这39人无论将其译为关系过程还是译为物质过程,采用的整个句型也都比较相似。小句结构基本为:环境成分词语/词组(Therefore/On the account/So/For this (very) reason) + 参与者(君子) + 过程(关系/物质) + 被投射关系(when ...)。可见,这样的英译文结构几乎和笔者提供的现代汉语译文结构一致。只有1人将这个小句和紧接着的下一个小句进行了整合翻译,给出了这样的译文:Therefore, people of highly moral character are prudent even when they are out of sight of others since they have something to feel cautious and fearful about。尽管如此,这位受试者依然主要将小句译为关系过程。因为对所参考的现代汉语译文没有争议,因此这个小句的英

文翻译也缺少了多样性。更重要的是,是否这样的理解就是正确的,非常值得严谨的典籍英译译者深思。

(2)"博学之"的英译

《中庸》第二十章的最后一小节开始阐述"诚"的概念。"博学之"这一图形出现在序列"博学之,审问之,慎思之,明辨之,笃行之"中,旨在说明如何达到"诚"。这一序列笔者将在下节详细分析。"博学之"是达到"诚"的第一步。这个图形本身的结构比较简单,但由于所处序列的关键位置:是全段重要的衔接句,具有承上启下的重要作用,以及这一小句反映了英汉语言的差异,因此在进行汉英翻译时需要译者多加思量。

古代汉语原文是一个行为图形,物质过程("博学"),参与者字面上缺失,但根据汉语的重意合特点,我们不难根据上下文理解这个图形的参与者为前一句提及的"诚之者"。无论是我们提供的现代汉语译文及王国轩(2012:102)的译文"广泛学习",还是傅佩荣(2012:77)的"要广泛学习",都保留了和古代汉语原文同样的图形特点——参与者缺失。这对现代中文读者来说没有任何理解的问题,符合中文常见的无主语句特点。另外,古代汉语原文的物质过程——"博学"——的对象用了"之"来表示,现代汉语译文却都未明说这一对象,而由于英语语言的语法和表意特点,"学习"需要一个对象,因此也就势必给英译者寻找合适的"之"的对应带来困扰。

处理汉语无主语句子的英译问题时通常的做法是补全其隐含的主语或是通过英语中的一些特定句式来避免这一尴尬,如英语中唯一不需要主语的祈使句、there be 句型、强调句型等。

在所给的三个英语参考译文中,理译采用了 there be 句型,因此将这一图形译为存在图形、关系过程。辜译则采用了强调句型,将主要的图形部分译为和原文一致的行为图形、物质过程(obtain …)。安译最为简洁,用了一个简单的祈使句、行为图形、物质过程(study …)。三个译本都没有采用增加人称代词来实现补全主语的做法。另外值得注意的是,理译和辜译都增加了体现与上文衔接的表达:理译:To this attainment;辜译:In order to acquire the truth。而安译则没有增加这样的衔接。三个译本对"之"的处理都采用了明确化的处理：理译：what is good；辜译：a wide and extensive knowledge of what has been said and done in the world；安译：the way。尽管表达的具体方式有所不同，但如果结合之前分析的三个译本对于"道"的不同理解，可以看出，在这里三个译本所要表达的"之"基本都等同于他们所理解的"道"。

笔者统计了40位受试者在翻译这一图形时对以下四个问题的处理情况：（1）对无主语句的处理；（2）采用的过程；（3）是否增加衔接；（4）对"之"的处理。有四位受试者的译文比较特殊，下文将详述。总体统计如表5-8所示。

表5-8 对无主语句的处理

处理方法	人数（人）	百分比（%）
人称代词	31	77.5
there be 句型	4	10
祈使句	3	7.5
特殊处理	2	5
合计	40	100

采用增加人称代词补全主语做法的受试者占了绝大多数，主要添加泛指人称代词 one，you，we 等。采用 there be 句型的译者基本上是参考了理雅各的译文。包括进行特殊处理的2位译者，所有受试者对无主句都没有采用强调句型，但偏爱增加人称代词。的确，无论使用哪种人称代词，这都是解决无主语句式相对便捷的做法。但我们也需要思考，如此便捷的翻译策略为什么没有受到三个参考译文译者的青睐？把人的元素加入进来，是否产生主观性的弊端而因此削弱客观性的特征？

在图形类别的处理上，受试者有很大的一致性，高达90%的同学翻译为行为图形、物质关系（表5-9），其中包括图形的总体处理上采用特殊方法的两位同学。另外4位将其译为关系过程的同学在主语的处理上也都是采用了 there be 句型，这一点和理雅各译文一致。

表 5-9　采用的过程

采用的过程	人数(人)	百分比(%)
物质过程	36	90
关系过程	4	10
合计	40	100

　　翻译该小句时,主动增加相关凸显该小句和相邻小句之间逻辑关系的衔接词的同学有 16 位,占受试者的小部分(表 5-10)。增加的衔接词主要有(in order) to, besides, in addition 等。总体而言,大部分受试者还是受到母语思维的影响,英译时有时不能积极主动地、有意识地增加小句之间的衔接词,译文也因此显得松散而不够紧凑。

表 5-10　是否增加衔接

衔接	人数(人)	百分比(%)
增加衔接	16	40
未增加衔接	24	60
合计	40	100

　　只有 11 位受试者对古代汉语原文的"之"注意了,在英语译文中有相关表达(表 5-11)。但即便是这 11 位受试者,也未能将"之"的英译文明确到三个参考译文的程度。他们的英译文对"之"采用的还是相对模糊的表达,如 it, things。而另外 29 位受试者则更多地满足于现代汉语译文的解释"广泛学习",没有再仔细对照一下最初的古代汉语原文。

表 5-11　对"之"的处理

对"之"的处理	人数(人)	百分比(%)
明确内容	11	27.5
虚化处理	29	72.5
合计	40	100

　　对这一图形的英译,绝大部分受试者都还是按照原文的断点进行英译,除了 2 位受试者采用了不同的图形组合方法。他们的译文如下:

(1) To be honest is to pursue a good goal consistently through extensive learning …

(2) Successful attainment requires extensive study …

汉英翻译的灵活性体现在,译者有时在考虑译入语的语言特点时,可以对形散的汉语原文进行断点重组,并不需要拘泥于原文的小句断点位置。笔者在第二章有过成功将形散的汉语原文译为紧凑的英语表达的例子。上面所说的这两位受试者就没有孤立地翻译"博学之"的图形,而是将前后语意关系密切的图形整合在一起处理。例如,第一个译文的译者就整合了前一个小句的内容:择善而固执之者也(就要选择美好的目标执着追求)。第二个译文则巧妙地将小句之间的逻辑关系——为了实现这一目标——融入该小句的句首,同时解决了该小句本身缺乏主语的尴尬。这两位受试者在处理这一图形表现出的灵活性实属难能可贵。

从图形英译上我们可以看出,由于古代汉语语言精练,常以最少的字数表达最丰富的内容,因此无论是现代汉语的语内翻译还是通过汉英语际翻译获得的英语译文,都不可避免地需要对最初的原文进行增补内容和表达。上文分析的两个图形英译中,有些译文从严格意义看已经超出了图形的范畴,可以将一些部分看作被投射或扩展的图形,而有些则已经具备了复合小句的功能。划分的依据主要是根据古代汉语原文来进行讨论。下节讨论原文中两个序列的英译情况。

5.3.3.3 序列的英译——两个小句复合体

序列是语篇组织的一种原则。和图形不同,序列可以通过详述、延伸以及增强无限扩大,而图形则是成分有限的一个有机整体,是一个单位。序列反映的图形之间的扩展、投射关系都可以是无限的。序列的扩展和投射两个基本类型,在不同语言中表现有所不同,在第二章、第四章中有所阐述。简单说来,英语和汉语(古代汉语、现代汉语)之间,在序列上最明显的差异在于形合的英语序列的逻辑关系更明显，而意合的汉语则比较模糊。这也就需要汉英译者更仔细地思考汉语原文小句之间的逻辑关系，以及以怎样的形式能最大忠实度地传递原文信息。

笔者在决定选取第一段中哪个序列来进行数据统计时有过以下考量。关于《中庸》首章，很多学者会更多关注开篇第一个序列的理解和英译："天命之谓性，率性之谓道，修道之谓教。"黄玉顺（1999：67）就认为这包含三个小句的第一个序列覆盖了古今中外一切哲学的基本课题："天关涉本体论，性关涉人性论，道关涉规律论。体现了中国哲学以'人'为其终极关怀的人文特征"。在王国维看来，这样的重要性也就决定了翻译的难度："《中庸》之第一句，无论何人，不能精密译之。外国语中无我国之'天'相当字，与我国语中无'God'之相当字无以异。吾国之所谓'天'，非苍苍者之谓，又非天帝之谓，实介于二者之间，而以苍苍之物质具有天帝之精神也。'性'字者亦然。"笔者认可首章三个小句是理解《中庸》思想的关键，但对于这个序列的英译，译者们的难点和分歧主要在于对"性""道""教"的理解，因此他们译文的差异也主要体现在对这三个核心成分的英文对应词上。而在序列的结构上，无论是三个参考译文的译者，还是40名受试者，都基本上提供了大同小异的序列结构：保留原文三个小句判断句式的典型特点——"之谓"（is called/is what we called）；序列类型为扩展关系。从语篇衔接的角度看，这个序列并没有给译者带来太大的困扰。因此，笔者将序列部分英译的数据收集视角放在接下来的这个序列："道也者，不可须臾离也，可离非道也。"

（1）序列1：道也者，不可须臾离也，可离非道也。

朱熹的《中庸章句集注》对这一序列的解释是："离，去声。道者，日用食物当行之理，皆性之德而具于心，无物不有，无时不然，所以不可须臾离也。若其可离，则为外物而非道矣。"（傅佩荣，2012：115）常见的现代汉语将该序列译为："道是不可以片刻离开的，如果可以离开，那就不是道了。"（王国轩，2012：47）或者："正路是不应该片刻离开的，可以离开而继续走的就不是正路了。"（傅佩荣，2012：37）根据朱熹的解释，对这句话的理解用现代汉语的逻辑来表述就是：因为道是……所以道不可离；如果离了，就……当然，在英译时，我们不需要如此面面俱到的解释性翻译，但无论是朱熹的解释，还是参考已有的现代汉语译文，都可以给英译者做出合适的选择提供参考。

撇开不同译者对"道"的选词不同以及一些具体措辞的差异，笔者对这一序列英译数据的统计主要着眼于不同译者英译文的谋篇布局：句式的处理、衔接词的选择、语态的考量等。所给的三个参考译文对于这一序列的处理侧重点各有不同（表5-12）。

表5-12　三个参考译文对序列1的英译

原文	道也者,不可须臾离也,可离非道也。
理译	The path may not be left for an instant. If it could be left, it would not be the path.
辜译	The moral law is a law from whose operation we cannot for one instant in our existence escape. A law from which we may escape is not the moral law.
安译	As for this proper way, we cannot quit it even for an instant. Were it even possible to quit it, it would not be the proper way.

第四章分析过判断句式是古代汉语中常见的、固定的句式。"者""也""为"等是其常见的判断词。现代汉语用"是"表示判断居多，其他表达还有"（被）叫作""（被）称为"等。而英语表述中可以直接用 is，或者 is called 等类似表达。判断句式在说理性的哲学经典中自然也是受欢迎的句式，其客观性的表述往往并不会给译者带来太多的困扰。比如，《中庸》中出现的这几句判断句式的现代汉语译文①和英译文都能比较轻松地对应原文。

例1：

[原文]　天命之谓性,率性之谓道,修道之谓教。

[现代汉语译文]　天赋与人的秉性叫作性,遵循天性而行叫作道,按照道的原则修养叫作教。

---

① 这里的三个例子的现代汉语译文都来自王国轩译注的《大学中庸》（2012年,中华书局）。傅佩荣（2012）的译文除了选词表达的差异外,句式基本一致,因此在此不单独列出。

[英译文]　理译:What Heaven has conferred is called THE NATURE; an accordance with this nature is called THE PATH of duty; the regulation of this path is called INSTRUCTION.

辜译:The ordinance of God is what we call the law of our being. To fulfill the law of our being is what we call the moral law. The moral law when reduced to a system is what we call religion.

安译:What tian commands (*ming*) is called natural tendencies (*xing*); drawing out these natural tendencies is called the proper way (*dao*); improving upon this way is called education (*jiao*).

例2:

[原文]　中也者,天下之大本也;和也者,天下之达道也。

[现代汉语译文]　中是天下的根本;和是天下普遍遵循的规律。

[英译文]　理译:This EQUILIBRIUM is the great root from which grow all the human acing in the world; and this HARMONY is the universal path with they all should pursue.

辜译:Our true self or moral being is the great reality of existence, and moral order is the universal law in the world.

安译:This notion of equilibrium and focus (*zhong*) is the great root of the world; harmony then is the advancing of the proper way (*dadao*) in the world.

例3:

[原文]　诚者,天之道也。

[现代汉语译文]　真诚,是上天的原则。

[英译文]　理译:Sincerity is the way of heaven.

辜译:Truth is the law of God.

安译:Creativity is the way of *tian*.

可见,对于判断句式的翻译,译者的处理方法都比较统一。40

位受试者对于这些判断句的英译也基本和三个参考译文的做法一致。因此,判断句式本身的英译并不存在困难。问题在于,有些古代汉语原文的句式也采用了具有判断词特征的词汇,而句式是否和上面三个例子一样同属于判断句式就有待商量了。笔者所要分析的这一序列就属于这类情况。

　　古代汉语中并不是出现"也""者"的字眼就是"A 是 B"的判断句式。"道也者"与其说是判断句式,倒不如说是进一步解释说明更合适。这句话更多的不是客观下定义的功能,而是主观性号召读者如何去做的功能。因此,这一小句不能算是严格意义上的判断句。在三个参考译文中,理译和安译都采用了情态动词的否定来表达这一主观号召:may not, cannot。尽管使用的主语不同,一个是以物(the path, 道)作主语,一个是以人(we)作主语。辜译则依然采用了判断句式的英文对应——A is B,尽管在 B 部分的详述中也同样有主观号召的表达:we cannot。40 位受试者中绝大多数采用了和理译、安译相同的处理方法——37 位受试者没有用判断句式,而是用了 can not, cannot, should 等情态动词表达号召,只有 3 位受试者采用了类似辜译的做法,将其译为判断句式。

　　三个参考译文都将这一序列的两个小句——"道也者,不可须臾离也""可离,非道也",处理为两个完整的英语句子。而对两个小句之间的关系,则使用了不同的逻辑衔接方式。理译在第二个小句的翻译上采用 if 的让步状语从句,在对第一个小句递进扩展的基础上进一步阐述投射关系。辜译分别将两个小句处理为投射关系——分别采用两个定语从句(from whose …; from which …),而两个小句之间的关系则是并列的扩展关系。安译在第二个小句的英译文上虽然没有出现 if 这样一个表示让步的衔接词,但通过使用虚拟语气,并将 were 提前,清楚地表达了 If it were 的逻辑含义。34 位受试者的英译文都有两个小句之间逻辑关系的衔接。6 位受试者的译文简单处理为两个独立的英语句子。虽然 34 位受试者都在两个小句间增加了衔接词,明确两个小句间的逻辑关系,但使用的衔接词各有千秋。34 位中有 1 位采用了 once,4 位采用了 for 或 because 的因果关系,11 位采用了和理译一样的 if,而更多的受试者（18位）更青睐 or 或 otherwise。

　　三个参考译文在对这一序列第二个小句的英译中，安译采用的虚拟语气尤其引人注意。无论是否使用 if，大家对"可离非道也"理解为"如果可离，那么非道也"的逻辑基本是没有异议的，但极少有人想到将此让步关系用虚拟语气来表达以增强效果。虚拟语气的语法含义表示与现实相反，或是绝对不可能。因此，安译采用这样的语气更能够传递"道"的权威、不可撼动性，以及人们万万不可尝试离道的强烈信息。而在受试者中也有相当一部分人用了虚拟语气的表达。共有 8 人的译文中有 would/could 表示虚拟的表达。当然他们对虚拟语气的使用和安译的还是有些差异。8位用到虚拟语气的受试者基本都是在 otherwise/or 的从句中使用，1 人在 if 从句中使用。笔者也看到，使用 if/otherwise/or 的衔接词的人数共有 29 位，但这 29 位中只有 8 位想到了虚拟语气的表达，可见大部分译者对译入语中这一语气的使用意识并不强烈。

　　（2）序列2：诚者，不勉而中，不思而得，从容中道，圣人也；诚之者，择善而固执之者也。

　　序列的划分界限不如成分、图形那么明确。理论上说，序列可以无限扩展、投射。既然序列在书面语言中体现为复合小句的形式，我们在划分中文序列时，采用以中文句号为序列切割点的办法。这一序列较之上面分析的序列要复杂。上文序列 1 基本可以看作由两个小句组成，而序列 2 则看似由多个小句组成："不勉而中""不思而得"……有些部分由于理解的不同，将其看作小句还是看作一个含有投射关系的图形会有争议。例如，"诚之者"，如果将其看作一个动态的过程，理解为小句会更合适。而如果没有做这样的理解，则很可能将其看作一个图形。为了避免这样的歧义，下面的阐述将以原文的分号为界限，以 A 部分和 B 部分来区分分号前后的两个部分。

　　A 部分：诚者，不勉而中，不思而得，从容中道，圣人也；

　　B 部分：诚之者，择善而固执之者也。

　　对这一序列的数据收集主要考察以下三方面内容：(1) A 部分"从容中道"的归属；(2) B 部分对"者"的理解；(3) A、B 部分之间的逻辑关系是什么？是否需要具体化？

这一序列的 A、B 两个部分都采用了"……者……也"的表达，都是判断句式。A 部分需要考量的是"从容之道"的归属问题：是将其看作和"不勉而中""不思而得"两个小句的并列小句，还是将"从容中道，圣人也"看作一个小句。笔者的三个现代汉语参考译文看上去似乎都采用了前一种。

[现代译文 1]　天生真诚的人，不用勉强就能做到，不用思考就能拥有，自然而然地符合上天的原则，这样的人是圣人。

[王国轩译文]　天生真诚的人，不用勉强就能做到，不用思考就能拥有，从从容容就能符合中庸之道，这是圣人啊。

[傅佩荣译文]　所谓真诚，就是没有努力就做成善行，没有思考就领悟善理，从容自在就合乎正道，那就是圣人啊。

但由于无论是现代汉语还是古代汉语，都存在重意合、轻形式的问题，从现代汉语译文松散的结构上来看，两种解释也都说得通，因此现代汉语译文依然存在歧义，无法确认"从容中道"是跟前面的表达更紧凑还是跟后面的更合适。朱熹《中庸章句集注》对此的解释则立场比较明朗化："圣人之德，浑然天理，真实无妄，不待思勉而从容中道，则亦天之道也。"（傅佩荣，2012：125）这里朱熹说的"则亦天之道也"，根据上文"诚者，天之道也"可知，就是指的"诚者"。因此朱熹的解释可以理解为：诚者，圣人也。"不勉而中，不思而得，从容中道"则都是对这一基本判断的进一步说明、扩展。由此可见，朱熹偏向于将"从容中道"理解为和前面两个表达相并列的关系。

三个英文参考译文的分歧也主要集中在对"从容中道"的归属理解上（表 5-13）。

表 5-13 "从容中道"的英译

原文	诚者,不勉而中,不思而得,从容中道,圣人也;诚之者,择善而固执之者也。
理译	He who possesses sincerity is he who, without an effort, hits what is right, and apprehends, without the exercise of thought—he is the sage who naturally and easily embodies the right way. He who attains to sincerity is he who chooses what is good, and firmly holds it fast.
辜译	He who intuitively apprehends truth, is one who, with effort, hits what is right and without thinking, understands what he wants to know; whose life easily and naturally is in harmony with the moral law. Such a one is what we call saint or a man of divine nature. He who acquires truth is one who finds out what is good and holds fast to it.
安译	Creativity is achieving equilibrium and focus without coercion; it is succeeding without reflection. Freely and easily traveling the center of the way—this is the sage. Creating is selecting what is efficacious and holding on to it firmly.

理译和安译都是将"从容中道"理解为和"圣人也"关系更密切,于是都是将这两部分译为一个英语句子:he is the sage who naturally and easily embodies the right way & Freely and easily traveling the center of the way—this is the sage。辜译则是将其理解为和前面两个表达并列的部分。而笔者的受试者中只有 7 人将其和"圣人也"译入同一个英文句子,其他 33 位都是按照原文顺序将其理解为和前面两个小句的并列。

B 部分是一个明显的判断句式,现代汉语译文也都将其处理为判断句式,都采用"……是……"的结构,差别在于对"者"的理解。

[现代译文 1] 努力做到真诚,就要选择美好的目标执着追求。

[王国轩译] 努力做到真诚的人,就是选择好善的目标执着追求的人。

[傅佩荣译] 所谓让自己真诚,就是选择善行并且坚持下去。

第五章　典籍英译模式应用——《中庸》英译

王国轩的译文中将"者"理解为人,其他两个译文则作为判断句式的标志。在英语的参考译文中,理译和辜译都处理为人:he who …。安译则将其看作判断标志,虽然我们也可以说 creating 的逻辑主语其实也是人,但从形式上看安译没有强调这一点。受试者中的绝大多数译者都将"者"理解为人,无论使用 he 还是 one,抑或是 people。

A、B 两个部分之间是扩展还是投射的逻辑关系,古代汉语原文和现代汉语译文都无法体现。三个英文参考译文的译者也无一例外地将其处理为平行关系,但理译和辜译在翻译下一句的"博学之"之前都增加了相应的衔接:To this attainment, In order to acquire the truth。有趣的是,40 位受试者有不同的处理方法。笔者收集图形翻译的数据时说过,在翻译"博学之"的图形时,24 位同学没有增加诸如理译和辜译的衔接表达,而对于这一序列的 A、B 两个部分,却有 26 同学增加了相应的衔接,虽然这 26 位并不是正好吻合在"博学之"前没有加衔接词的同学,有些同学是在两个地方都增加了衔接词,但单纯从统计数字来看,大部分受试者在这一序列的处理上更自觉地增加了表示 A 部分和 B 部分逻辑关系的表达。这 26 位译者中,24 位增加的衔接词为 if 或表示目的的 to,但有 2 位译者有不同的理解,采用了 however 这样一个表示转折的连词表达两部分的关系,是否合适值得商榷。受试者在这问题上的处理明显不同于三个参考译文的译者。因此,这也不禁让我们思考,这一序列两部分的逻辑关系是否需要明朗化,还是在下文"博学之"的表达前增加衔接更合适? 在朱熹的解释中,他更清楚明了地强调了 A 部分和 B 部分之间的关系。朱熹在解释完 A 部分后,给出了这样的说明:"未至于圣,则不能无人欲之私,而其为德不能皆实。故未能不思而得,则必择善,然后可以明善;未能不勉而中,则必固执,然后可以诚身,此则所谓人之道也。不思而得,生知也。不勉而中,安行也。择善,学知以下之事。固执,利行以下之事也。"(傅佩荣,2012:125)朱熹此处对 A 部分的内容给出了进一步说明:如果不能达到圣人的状态,就如何如何;因此如果不能不思而得,就必须择善,如果不能勉而中,就必须固执。接着给出 B 部分的解释:所以要诚之,就必须择善和固执。由此可见,朱熹的解释强调了 A、B 之间隐含的因果关系。对"博学之,审问之,慎思之,明辨之,笃行之"的解释,朱熹依然强调其和前后文的逻辑关系:"此诚之之目也。学、问、思、辨,所以择善而为知,学而知也。笃行,所以固执而为仁,利而行也。程子曰:'五者废其一,非学也。'"(傅佩荣,2012:125)朱熹在这里也强调了"博学之"这句话和前一句的逻辑关系。可见,朱熹给出的集注详细分析了句与句之间的逻辑关联,但在英译时译者则必须考量哪些小句之间的逻辑关系需要通过明确的关联词明朗化。

5.3.3.4 问卷调查数据

问卷调查的设计分为译前问题和译后问题两个部分。译前部分的问题包括:

(1) 你之前做过典籍英译吗?

① 如果做过,估计有多少字?(按中文字数统计)

  a. 少于 5 千   b. 5 千—1 万

  c. 多于 1 万   d. 多于 2 万

② 如果没有,是否做过其他类型的汉英翻译(文学、商务、科技、一般应用文或其他)?估计有多少字?

  a. 少于 2 万   b. 2 万—5 万

  c. 多于 5 万   d. 多于 10 万

(2) 你是否同意合格的翻译实践者同时应该具有一定的理论素养?

(3) 你是否认为相比较其他类型的汉英翻译,典籍作品的英译难度更大?

(4) 你是否希望能有一个典籍英译模式图来指导你的翻译实践?

(5) 下面三个过程模式图,你更喜欢哪一个?为什么?

第五章　典籍英译模式应用——《中庸》英译 ‖ 173

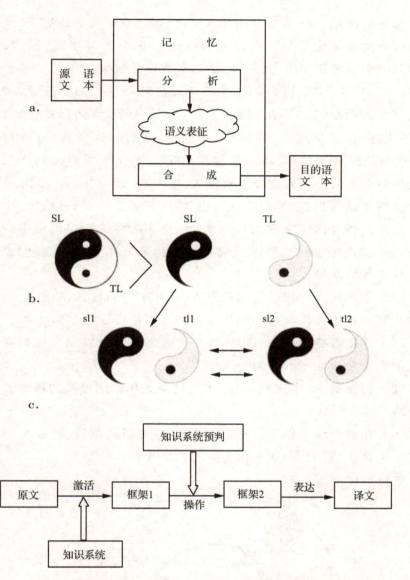

对于前四个问题，正如 5.3.1 所说，40 名受试者无一例外地给出了肯定的回答，尽管第一个关于典籍英译的经历问题，所有受试者的典籍英译字数都不足 5 千。

对第二个问题肯定回答的基础上，31 人给出了理论具体如何指导实践的回答：6 人认为理论可以提供评判译文的标准；另外 25 人都认为当译者在面临多种选择，无从下手时可以依靠相关理论做出合理的决定。25 人中又有 8 人同时认为,在理论的指导下,译者可以有的放矢地指导英语译文的修改;6 人认为译者在进行翻译实践时会有意识地多考虑目的语读者的接受效果。

对第(5)个问题的回答上,在没有任何解释说明的情况下,30 位受试者表示更喜欢阴阳图,因为:其直观且符合我们的思维模式;图文并茂,更易理解,易操作,接地气;具有中国特色,有针对性。6 人选择 Bell 模式,认为能够比较清楚地反映了原文到译文的转换过程。另外 4 人选择框架模式,主要是认为其简洁、易懂。

根据受试者提交的译文,为了更好地了解他们在翻译过程中所进行的选择是出于哪些因素的考虑,尤其需要了解我们提供的典籍英译模式对他们的翻译过程具体起到了怎样的作用,我们设计了以下译后问题:

(1) 你在初译阶段是否直接采用了所提供的现代汉语译文,还是重新进行了古代汉语到现代汉语的语内翻译过程?为什么?

(2) 你是否参考了我们提供的三个参考英译文?是在你翻译过程的哪个阶段参考的?为什么?

(3) 你在翻译《中庸》任务时主要遭遇到哪些困难?初译时如何处理?

(4) 在被介绍了以下三个翻译过程详细模式图后,你在再译过程中选择了哪一个模式图作为参考和指导?为什么?

典籍英译过程阴阳图:

Bell 翻译过程图：

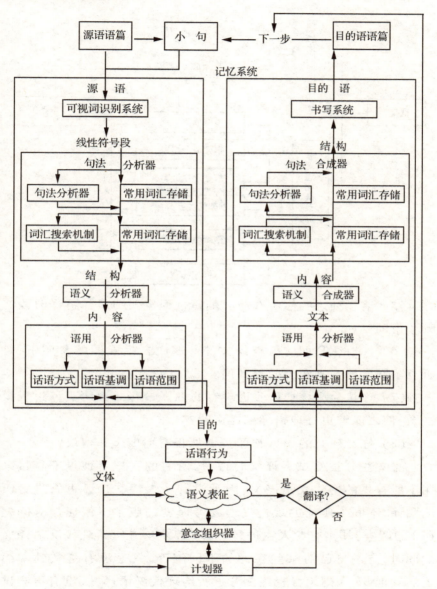

框架模式：

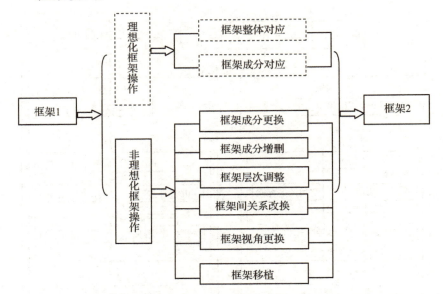

（5）请详细说明你所选择的翻译过程模式图对你再译阶段有哪些帮助？

（6）你以往是如何检查译文的？这次在模式图的参照下，是否有不同的检查视角？效果如何？

（7）你认为应该如何改进现有的翻译过程或典籍英译过程模式图，使之能够更好地指导翻译实践？

（8）你对现有的 MTI 典籍英译课程有何期望和建议？

前文在分析受试者译文时说过，所有的受试者似乎都直接采用了所提供的现代汉语译文，因为没有一人提交自己重新进行语内翻译、不同于所给的现代汉语参考译文的版本。但通过对问题（1）的调查，其实有 5 人在进行翻译时，在参考所给现代汉语译文的同时，有过自己对某些字词的不同解释，只是没有落实到书面上。其他 35 人则坦言直接参考了所给现代汉语译文，没有再尝试给出自己的语内翻译的版本。其中 16 人给出的理由是觉得所给现代汉语译文已经足够好，自己再译做不到同样的流畅，没有必要再重复劳动。13 人则直言自己的古文功底有限，对古代汉语原文理解有难度，需要对照参考现代汉语译文才能明白原文的意思。

其余 6 人认为古代汉语和现代汉语同属于同一种语言的不同阶段，差异不会很大，所以自己更多的精力放在汉英两种不同语言的翻译思考上，他们认为在典籍英译作品英译过程中从古代汉语到现代汉语的翻译过程并不是那么重要。

对问题（2）的回答，只有 3 人表示整个过程中几乎没有看参考译文，因为担心自己的译文受干扰太多，同时也检验自己在没有参考的情况下是否能够完成所布置的翻译任务。其他 37 人则都或多或少地看过参考译文，但也同样只有少部分人（5 人）在自己动笔翻译之前就看了参考译文，他们认为这样可以做到心中有数，可以更好地理解古代汉语原文，同时在自己翻译时可以帮助自己做出更明智的选择。而其他 32 人在自己动笔进行初译时都避免去看参考译文，原因也是担心过早看了参考译文会对自己翻译时的选词造句造成影响，自己的译文容易不自觉地有参考译文的影子。这 32 人中有 10 人是在完成自己的初译稿之后但在提交初译稿之前参考的，因为在自己初译过程中遇到了几处自己实在无法解决的难点，所以参考了所给英译文，增加点灵感，帮助自己完成初译的任务。大部分受试者（22 人）则是在再译阶段进行了参考，为的是希望通过参考翻译大家的译文改善自己初译文中不够令人满意的部分。

问题（3）关于典籍英译时遇到的主要困难，是一个有多重回答的问题，受试者也都给出了至少一个以上的回答，给出的解决方法也有多种。因此，下面统计的方法只能是根据遭遇到同一种困难的有多少人的方法来计算，以及提出同一种解决方法的人数是多少，所以总数一定不等同于，而是大于受试的 40 人。受试者提到的困难主要有以下几条：

（1）几乎全部受试者都提到了典籍作品英译的普遍困难：古代汉语原文理解困难。

（2）22 人指出困难在于选词上的对应表达，古代汉语原文中的特色词汇（也就是我们说的文化负载词）如"道"等在英语中的对应词很难找。

（3）15 人提到再现原文风格的困难，认为很难再现原文简洁、精练的语言特点。

（4）14人认为古代汉语原文太短，逻辑性不明显，给理解句与句之间的关系造成困惑。

（5）15人提及了古代汉语原文中特殊句式给英译带来的困难：9人认为原文重复句式很多，如何处理需要考虑；6人提到原文句式多用无主语句，需要变换增加译文主语的方式，避免单一。

对于这些困难，除了关于再现原文风格的困难，受试者没有给出具体的解决方法外，对于其他几个困难，受试者在初译阶段的解决方法有：

（1）对于原文理解的困难，25人采用查看现代汉语译文的做法。5人提出可以参考平行英译本（也就是我们提供的三个参考英译本）来帮助自己理解古代汉语原文。这倒是和问题2中的相关数据结果吻合。

（2）关于选词的困难，16人提出可以通过查阅权威词典得到解决，如查阅古代汉语词典、牛津词典等。8人提出还可以通过百度及查看相关期刊论文的方法提高对原文的理解程度及相关学者对一些类似关键词的英译。15人提出可以参考已有的英译文。

（3）关于句式上的困难，14人认为可以通过增加逻辑关联词，增加句与句之间的逻辑关联。6人提出通过增加第二、三人称的做法解决无主语句的问题。

问题（4）关于模式图的再选择，经过具体阐述三个详细的翻译过程模式图后，有多达38位的受试者表示再译阶段选择了阴阳图指导了自己的再译过程。另外2人则有不同的声音，认为三个模式图没有选择的必要，翻译实践不可能按照这些模式图来进行，能够译出优秀译文的译者靠的是积累、多做和翻译时的灵感及本身的天赋。而现在选择阴阳图的38位受试者给出的理由，除了在译前问卷中就已经选择阴阳图的30位受试者给出的直观、有中国特色、有针对性、接地气等原因外，18人给出的理由是认为阴阳图的五个步骤更有助于译者在翻译过程中的操作，7人提到原文、译文角色在某个特定阶段可以互换的观点非常新颖、独特，也有助于打破自己的习惯思维，可以让自己从不同的角度去思考；10人认为详细的阴阳图中的术语表达比 Bell 图中的心理学术语更好懂,比框架模式中的表达更具体。

问题(5)是比较重要的一个译后问题,也是检验所提出的典籍英译过程模式的重要依据。既然绝大多数受试者(38 人)最终选择了阴阳图的过程模式图,说明这个模式图得到了认可。38 人对这个问题也给出了具体回答,进一步说明该模式图对译者在翻译实践过程中的具体指导意义。关于数值方面,问题(5)和问题(3)一样是一个有多重答案的问题,受试者给出的答案也多于一条。因此统计仍然是按照给出类似答案的人数来进行。38 位选择阴阳模式图的受试者给出的关于该模式图对他们再译阶段的帮助问题,回答多种多样,也比较零散,我们简单归类如下:

(1)10 人在模式图关于古代汉语到现代汉语的语内翻译过程的强调中,重新考虑了现代汉语译文,虽然没有重新写下来。

(2)7 人在模式图强调概念基块共性的启发下,在翻译过程中更多从求同的角度去思考解决翻译问题的方法,从而能够更有信心地进行典籍英译。

(3)23 人提到模式图中语法隐喻的概念给了他们很大的帮助。其中 11 人因为在本科阶段的语言学课上对语法隐喻有过接触,比较能够理解。通过这个模式图的提醒,能够将其应用到翻译实践中,更多地思考英汉两种语言的差异,最明显的是在英译文修改时主动增加了名词化的表达。9 人表示虽然还不是很清楚语法隐喻的概念,但直觉这对翻译实践有帮助,也尝试着使用语法隐喻的方法,虽然效果如何还有待检验。20 人认为这个视角打破了他们传统做翻译的思路,更能够帮助他们从跨学科的角度去思考翻译问题。

(4)19 人直言最喜欢模式图中对译者主体性的描绘,因为增强了他们完成如此困难的任务的信心。其中有 6 人尝试着将自己开始认为比较"过分"的译文对号入座,检验是否超出了合理发挥译者主观能动性的范畴。

(5)3 人在模式图的启发下尝试了回译的检验方法,他们认为与以往自己的修改方法不同,但效果如何,并不确定。

（6）4人认为，在做翻译时，有该模式图在手边，让人定心。对译文检验时，可以对照具体的步骤一步步进行，感觉有理可循。

（7）8人认为，阴阳图形式的模式图让人更有整体感，总体圆形、摩天轮式的设计更能提醒译者翻译过程是一个有机的整体，每一个部分都有相关联系性，因此在翻译过程中会不断回顾相关阶段，帮助自己做出更好的选择。

问题（6）关于通常是如何检查译文的问题，21人回答是通过自己反复通读译文，看是否通顺。7人提到，通读目的是考虑是否有表达不对的地方、是否有更贴切的用词表达。6人具体罗列了具体修改的方面：语义理解是否有问题，是否有逻辑错误，语法表达是否正确，等等。17人会对照现代汉语译文通读自己的英译文，其中8人会进一步对照古代汉语原文。14人会参考平行译本（已有的英文译本），和自己的译文进行对比。16人会与同学译本相比较，并寻求同伴译者的检查帮助。8人提到在修改前会将译文搁置一段时间再检查。

关于在模式图的参照下是否有不同检查视角的问题，28人表示以往只是通读自己的译文，想到要修改什么便修改什么，现在参考模式图，会更加有的放矢，会照着模式图说的几个方面去检查自己的译文或同伴的译文。其中有18人还认为，在模式图的参考下，检查译文不再那么纠结，知道自己的一些灵活处理是符合规范的。也有11人提到，在模式图的参考下，让自己修改译文时注意到了以前没有考虑过的检查视角，如：是否语法隐喻的表达更地道，翻译中自己的主观能动性发挥是否充分，是否还有更加灵活的表达等。正如问题（5）的答案所说，有3人尝试了回译的检验方法。当我们进一步问及其他37位受试者关于回译检验译文的看法时，他们普遍同意应该是一个比较有效的检验方法，但实际操作起来有一定难度。15人认为回译需要再反过来做一次翻译，有时时间不允许。10人认为，如果回译的检验方法要有效，就要译者在几乎忘了原文的前提下进行，中间需要间隔足够长的时间，而这次实证调查给他们的时间不充分，他们在检查译文时对原文还是有印象的。12人认为回译最好是让没看过原文的人来做才能起到检验作用。尽管大家对回译的检验方法还是心有余悸,但我们发现,对前半个问题回答通常会通过参考现代汉语译文、甚至古代汉语原文来通读自己的英文译文的17位受试者其实已经在无意识地使用回译的检验方法:在通读的过程中不断地将英译文与现代汉语译文、甚至古汉语原文进行对比,找到与原文不符合的地方,从而对英译文进行修改,只是这17人在进行这样的做法时没有将其冠名为"回译"。

有关问题(7),26人认为现在阴阳图很好,不需要修改。但其中20人表达希望可以有更多的时间来消化这一模式图的精髓,最好能够在一学期的典籍英译课程中贯穿使用这一模式图来完成不同的典籍英译任务。10人认为,虽然基本能够理解专业术语,但还是需要一段时间消化,才能很好地运用到翻译实践中,他们希望更多了解序列、图形、成分的例子以及之间的关系。7人希望这一模式图可以画得再生动一些、可以图文并茂、文字解释的部分可以更具体一些。另外7人认为模式图本身不需要修改,但希望教师在讲解模式图时可以结合更多的例子说明,加强学生对这一模式图的理解。

问题(8)中,关于受试者对现有MTI典籍英译课程的建议,有25人希望这门课程能够增加典籍作品的阅读量,提高英译典籍作品的译者对典籍原文的理解力。其中8人建议增加专门关于古文基础、汉语文学类知识的课时量。15人提出需要增加典籍作品英译的翻译实践。8人还认为典籍英译课堂上介绍的理论应该更实用、更有说服力。9人认为教师需要增加与学生的互动,更多地了解学生的兴趣与能力。11人认为需要增加各类典籍作品英译实践的材料,不只是大部头的文学经典。7人建议典籍翻译实践可以先让学生翻译相对容易理解的应用类材料开始,然后一步步加深难度。

5.3.4 结论与启发

通过以上实证研究及统计的相关数据,我们可以得到以下几

方面结论和启发:

5.3.4.1 关于典籍英译模式

实证研究表明,本研究所提出的典籍英译模式图得到了绝大多数受试者的认可,普遍认为该模式图针对性强、特色鲜明,能够对典籍英译的实践过程起到指导作用,有助于增强译者在主动运用语法隐喻手段完善译文表达的翻译意识,能够让中高级阶段的译者有约束地发挥主观能动性,实现译本的多样灵活性。

但我们也发现,该模式还有继续改进的空间。一是关于模式的解释上,需要给受试者更多的消化序列、图形、成分等概念的时间,才能有助于他们在自己的翻译实践中使用得更加游刃有余。二是关于模式图的回译部分利用率不高。大家对于这部分的实际操作还是没有太大把握,对是否有必要会有所怀疑。当然尝试的时间不够充分也是一个障碍。因此,如何让这一部分的重要性得以突出并能让译者的确可以受启发并付诸实践,是需要进一步研究的。

5.3.4.2 关于典籍英译过程的忽略点

通过以上实证研究,我们发现作为中高级译者的 40 位受试者在完成《中庸》翻译任务时表现出了一定的灵活性,译文有多样性,表达丰富,总体上能够提供比较令人满意的译文。更有一些受试者能够关注到并使用虚拟等不易察觉的语气增强意义表达效果,还有一些能够有意识地使用名词化或通过过程转换等语法隐喻的手段实现英文表达的地道性目的。另外,在翻译实践过程中也有一定的基本技巧,能够熟练应用一些常规性解决翻译难点的方法,如寻求工具书、网络、同伴帮助,或是灵活采用变通表达的方法达到能够将原义最大程度在译文中反映出来的目的。

但受试者在典籍英译过程中也存在对一些环节的忽视。首先,忽视对古代汉语原文的深入理解。虽然不少受试者认为对原文的理解是很大的难点,但在自己进行翻译时还是未能对古代汉语原文投入足够的精力和时间从而好好理解原文,主要表现为:由于对自己的古文功底没有自信,受试者满足于直接采用所提供的现代汉语参考译文,没有想过要批判性看待已有的语内翻译结果;对古代汉语和现代汉语之间存在的差异不如英汉两种语言的差异了解得多。当然,受试者对这一软肋也非常有自知之明,因此很多人希望今后的 MTI 典籍英译课程中能够增加古代汉语知识类的部分。其次,在进行汉英两种语言之间的翻译时,序列(复合小句)的翻译相对较好。因为序列单位比较大,比较容易引起译者的重视,无形中投入的精力和时间也比较充分。而相对的是,受试译者比较忽视对成分(核心概念)翻译的斟酌,满足于找到一个对应就万事大吉,没有深入考虑同样的古代汉语成分表达在不同的小句或序列中内涵义有时有所差别,因此对应的英译文应该也体现出相应的不同。再次,汉语语言形式松散的特点也常常在不经意中被母语是汉语的译者忽视。虽然我们的受试者在英译过程中也会注意整合一些汉语小句,并主动增加句与句之间的逻辑衔接词,但往往对逻辑词具体添加的位置考虑不够全面深入,有时还会受到不够完善的现代汉语译文的误导。最后,对于汉语特殊句式的处理方法不够灵活。例如,对于无主语句的处理,绝大多数受试者采用的是添加人称代词的便捷做法,对运用英语中的特定句式巧妙避开主语的做法使用不多,对突出英语客观性语言特点的意识不够强烈。

5.3.4.3 对典籍英译教学的启发

典籍作品的英译对于很多受试者而言都是一根难啃的骨头,挑战巨大。目前典籍作品的英译状况也存在着各种挑战(详见第四章)。典籍作品英译的重要性在此不再累述。相对典籍英译作品和翻译难点的探讨,典籍英译教学方面的论述则比较有限。本校无论是对英语专业学生还是对 MTI 的课程设置方面,典籍英译课都是一个鲜明的特色。但通过这次实证研究,我们在重点检验所提出的典籍英译过程模式图的同时也发现,我们的典籍英译课程有进一步完善的地方,主要可以从以下三方面着手。

(1) 学术与应用统一

说到典籍英译课程,无论是对翻译教师,还是对即将上这门课的学生而言,都是由令人发怵的课。因为通常大家对这样的论述比较有共识:典籍英译是学术型翻译,无论是教授典籍英译的教师还是从事典籍英译的实践者都需要具备相当深厚的学术功底。"一名合格的典籍英译的译者除了具备深厚的中英文功底外,还应文史哲兼具、通,即还要了解外国历史及文化,熟知中国哲学、历史、文学等学科的基础知识"(王丹丹,2010:524)。我们不反对典籍英译的学术性,但也正如有学者指出的,"典籍英译的学术性与专业翻译人才培养的应用型目标之间并不存在必然的矛盾"(韩子满,2012)。不应该把典籍仅仅错误地理解为文学和哲学类的学术典籍作品。正如本章开头所说,王宏印就在其对典籍的定义中增加了军事作品、宗教经典、书画、论文等。但其实典籍作品还远不止这些,应该"包括科技、军事、政治等领域的古代书籍"(韩子满,2012)。从中国文化"走出去"的角度来看,的确除了文学典籍英译,也同样需要关注非文学典籍作品的英译。从受试者的问卷调查反馈也可以看出,有相当一部分学生有接触不同类型典籍文本的愿望。因此,无论是从推动中国文化传播的大局来看,还是仅仅从丰富教学内容、增强教学效果的角度看,典籍英译课程教学都应该将学术类的典籍作品和应用类的作品相结合,从而让学生获得最大的收益。同时,授课教师也可以采用擅长学术典籍和擅长应用典籍的教师共同授课的模式,借鉴本校 MTI 的专业翻译课程的授课方法,2—3 位教师轮流共上一门课程。术业有专攻,这样的做法既可以减轻教师的授课压力,又可以充分发挥每位老师的专长,而最大的受益者当然是学生,可以集百家之长,做到融会贯通。

(2) 理论与实践互补

我们的问卷调查可以反馈出受试者对翻译理论的普遍认可。翻译理论素养的培养不仅不会影响学生的应用翻译能力,相反有巨大的促进作用,而且翻译理论对一个合格的译者至关重要。很多学者在对 MTI 教学的研究中也都"提醒各教学单位要防止'培训化'倾向",而且"目前国内的翻译教学,无论是本科还是硕士,都是在具有一定学术传统的大学中进行。这些大学对学生的学术素养都有一定的要求,整个社会也对这些大学的毕业生有这样的要求。"(韩子满,2012)也有学者用具体的调查表明学术理论素养对于译者职业的重要帮助:一份香港地区的职业译者的调查显示,译者认为最有用的课程是英语语言文学和汉语语言文学(Li,2000:132)。语言方面,尤其古代汉语理论素养的培养对提高典籍作品英译译者的翻译能力无疑是不可或缺的。相关的翻译理论也在不同程度上帮助译者在翻译过程中遇到难题时找到明智的解决方法。但根据我们的调查,目前我们的典籍英译教学中也存在理论与典籍英译实践相脱节的问题。受试者希望有更实用、更有说服力的理论指导他们的典籍英译实践。我们的翻译教学常常将理论课程和实践课程分离开,不能实现理论与实践的及时对话,也就难免出现各自为政、各说各话的现象。因此,我们认为完全可以尝试将一个针对性强的相关理论贯穿整个典籍英译实践课程中,比如本课题提出的典籍英译过程模式,在实践中运用理论,在教学过程中不断检验理论的可行性,最终完善理论的构建。

(3) 赏析与实践并进

大部分的受试者提出典籍英译课程需要增加典籍作品的阅读量,增强对古代汉语原文的理解能力。这的确是需要注意的一点。通常翻译课程更多地强调实践,而对多阅读、多赏析的强调不够。这不仅包括多阅读各类典籍原文,也包括对已有相关译文的赏析。这可以算是翻译批评的研究范畴。韩子满指出,虽然翻译批评是国内翻译界的研究热点,但对于汉英翻译,尤其是典籍英译批评,却没有人研究。笔者同意他的建议:"教学界可以先行一步,借鉴英汉文学翻译批评中一些行之有效的方法和模式,引导学生对典籍英译的译文作出客观的评价,在此过程中加深对典籍英译的认识,在潜移默化中提高典籍英译的能力"(韩子满,2012:80)。通过增加对典籍原文的阅读和对相关英译文的评价,领悟翻译技巧和相关问题的处理方法,当自己面临类似翻译实践任务时,也就能够游刃有余地处理了。

典籍英译教学是我们研究典籍英译过程不该被忽略的部分,通过改善现有的典籍英译教学,也更能促进我们对典籍英译过程课题研究的可信度及提高这一研究课题的价值。正如韩子满所说,"大规模的典籍英译是一种新的翻译现象,专业翻译教学也是一种新生事物,两者在典籍英译教学上找到了契合点。我们如果能充分抓住这一契合点,并利用各种有利条件,借着目前社会上翻译热这股东风,科学论证,合理规划,一定会趟出典籍英译教学的好路子,反过来促进典籍英译实践与研究,并为翻译教学增加一个新的维度。"(韩子满,2012:80)

第六章 结 语

功能语言学代表 Halliday & Matthiessen 提出的意义进化理论为翻译研究打开了一个新的思路,尤其是为翻译过程的动态研究提供了一种静态模式表述的可能。意义进化理论的东方元素和中国典籍作品的英译过程研究更是有着合拍的契合点。本书以意义进化论为依据,为解密翻译过程的黑匣子寻求突破口,构建针对汉语典籍作品英译过程的行之有效的模式,并通过实证对所假设的模式进行检验,从而实现汉语典籍英译过程中可以有章可循的目标,起到改善译本质量的作用,最终达到中国传统文化能够真正"走出去"的根本目的。

6.1 研究总结

本书研究的两个关键词——意义进化理论、典籍英译过程研究——都有着各自进一步发展的瓶颈。意义进化论受关注程度远远低于系统功能语言学的其他核心理论,对该理论本身进行系统研究者已是屈指可数,将其应用到相邻学科的研究更是零纪录。翻译过程研究虽是翻译研究的热点,却也是很多学者不敢轻易触碰的难点,典籍英译过程研究则更是雪上加霜。翻译过程研究的视角更多的是寻求心理语言学或认知语言学的帮助。具体针对典籍英译过程的研究也只有个别学者,如肖开容。即便是这个别学者,在过程研究阶段,仍然是从广泛意义上的翻译过程着手,并未特别针对典籍英译过程的特点,典籍作品更多地也只是作为其研究发现的佐证。但也正是这两个不够讨喜、研究发展艰难的关键词让我们看到了进一步仔细探讨的可能性。

作为翻译研究的主体内容,决定翻译学是否可以作为完整学科的必不可少的重要分支,翻译过程研究即便再艰难,都是我们无法也不应该避开的话题。在呼唤中国文化"走出去"的大背景下,汉语典籍作品的英译则被赋予了更多的使命感,对其翻译过程的研究则又在学科意义的基础上增加了时代重要性。已有的翻译过程研究对其他学科的借鉴上存在的本土化不足、零散借鉴有余、创新不足等问题敦促我们在对这一话题进一步研究时必须寻求新的"他山之石",并以新的方式雕琢典籍英译过程研究的美玉。

通过第二章对意义进化论的发展基础、语法隐喻、概念基块等问题的梳理,我们发现意义进化论就是一块被忽视但有力的他山之石。用意义进化论来研究典籍英译过程有着很好的契合点。意义进化论对生物科学和社会构建主义的理论借鉴与翻译活动强调社会性本质的观点同质同源。其阴阳学理论基础的东方色彩和黑白分明的视觉冲突给了我们构建具有中国特色的典籍英译过程模式图巨大的启发。阴阳学说中对于能指、所指之间可以相互转换的论述为翻译过程中一些一条道走到黑的"死胡同"问题提供了醍醐灌顶的解释思路:翻译研究者和实践者需要灵活地看待原文与译文的关系,它们的角色不是一成不变的,而是可以相互转换、相互影响、互补互需的。意义进化理论对提高典籍英译过程模式图可操作性的意义体现在其概念基块三个层次的划分上。三个层次,即序列、图形、成分,在书面语言中分别对应复合小句、小句和字词短语。译者在实践翻译时可以按照这样的划分在混沌中厘清头绪、按章行事。意义进化理论对语法隐喻的重新界定和进一步发展则为译者在构建译文意义时的语法隐喻视角提供了更多的思路。无论是语法隐喻最初的定义中强调的同样的能指、不同的所指概念,还是在意义进化理论的观照下被重新定义为拓展意义潜势的主要资源策略,都切合了翻译就是选择不同语言的表现形式体现相同意义的本质特征。因为这一系列理论背景上的契合点,我们的研究认为意义进化理论在为典籍英译模式的构建、参数确定等技术支撑方面有着巨大的优势和解释力。

翻译过程研究的重要性引起了国内外学者的广泛关注,研方法也从借鉴相关理论对这一过程进行描述的方法到收集过程中思维活动的实证方法各不相同。所借鉴的理论也涵盖了语言学的多个分支：心理语言学、认知语言学、系统功能语言学等。在这些关于翻译过程的研究成果中，最能为我们的研究思路提供借鉴的是同样以模式图来展示翻译过程的动态现象的国外的 Bell 模式和国内学者肖开容的框架模式。因此，第三章对这两个模式的主要内容进行了阐述，并探讨了不同模式各自的优势和不足。同时第三章还分析了翻译研究在采用语言学研究视角，尤其是系统功能语言学研究视角时存在的主要问题。针对已有研究成果的问题与不足，第三章总结出我们的典籍英译过程模式研究可以在模式包含的阶段、模式检验、模式适用的术语及模式本土化四个方面有所作为。

　　典籍作品传承着中国文明的绝大部分内容，典籍英译的实践成果、典籍英译的理论成果层出不穷。尽管如此，对中国译者英译典籍作品的质疑之声仍时有耳闻。第四章的论述明确典籍英译不是能不能、应不应该的问题，而是时代必须的问题。对典籍英译过程的研究首先需要打破典籍作品不可译或不可由母语为汉语的译者来译的魔障。另外，需要考虑理论借鉴与创新、平衡互补宏观理论与具体理论的问题。同时克服理论研究与实践相脱节的常见弊端。正是基于对以上问题的考虑，第四章在探讨典籍英译过程比常规翻译过程多了语内翻译的过程这一特点后，对典籍英译过程的模式构建部分的阐述从范畴、所要解决的问题、独特性、具体操作步骤四个方面展开，将我们所提出的模式图理论归为方梦之所说的中观理论的范畴解决了宏观与具体理论相平衡的问题。对模式独特性问题的回答弥补了这一领域理论研究拿来、借鉴有余、创新不足的遗憾。对具体操作步骤的阐述是描述我们所提出的典籍英译过程模式图的核心内容。模式图从最中心的黑白阴阳图展开，黑色部分代表的原文和白色部分代表的最终译文统一在一个共同的圆形阴阳图中，揭示英汉两种语言在概念基块方面的共性是进行互译的基础，以黑色（阴）部分表示原文，白色（阳）部分表示译文。各自小圆圈代表的是翻译过程中的核心内容及语言层面的内容,而其他部分则代表了原文和译文各自的外部环境,包括原文的作者背景、时代背景、译文的文化特点、读者接受程度等。接着我们将中心阴阳图的黑、白部分分别分割成两个小的阴阳图,揭示典籍英译的两个主要过程:古代汉语到现代汉语的语内翻译过程和现代汉语到现代英语的语际翻译过程。同样这两个小的阴阳图也有着自己完整的翻译过程,也有原文和译文。我们分别用 $p1$,$p2$ 表示语内翻译时的原文和译文,用 $p2$,$p3$ 表示语际翻译过程中的原文和译文。独特的地方在于,在典籍英译的两个过程中,第一阶段语内翻译过程中的译文同时充当着第二阶段语际翻译过程中的原文。这一典籍英译过程中独有的特点,恐怕只有用阴阳学说的观点才能解释,也只有通过黑白太极图才能描述。要将这两部分翻译过程的操作步骤具体化,就需要分别探讨古代汉语、现代汉语和现代英语三者之间在序列、图形和成分方面的异同,因此也就有了我们模式图第三层次的内容。我们专门用两个圆形图呈现古代汉语和现代汉语的三个参数,却用框架形式表示英语语言,原因在于古代汉语和现代汉语是同一种语言发展的两个阶段,语言形式在本质上有着松散、重意合的特点。为了以示区别,最终的译入语英语则相对紧凑,强调句法形式。在译文构建部分,除了构建英译文语言三个主要参数:序列、图形、成分,我们用两个并联的圆分别表示语法隐喻和译者主体性在构建多样化译文表达时的作用。用双箭头连接 $p1$ 和 $p3$(古代汉语原文和英语译文)以及 $p2$ 和 $p3$(现代汉语和英语译文)是为了揭示用回译的方法检验译文的做法。无论是将英语回译为现代汉语,还是更具挑战地将英语回译为古代汉语,都是值得我们在典籍英译过程中检验译文的尝试。最终我们将整个模式图在一个大的圆中完成,为了表明在典籍英译过程中的各个步骤不是相互孤立的,不是先一再二的关系,而是相互依赖、互为参照的关系。

  为了克服理论研究脱离实践的弊端并回答如何解决模式检验的问题,第五章采用了实证研究的方法,通过 40 名受试者对儒家经典《中庸》一书中的两个重点段落的英译结果及相关的问卷调查所搜集的数据分析,检验模式的可行性和可操作性。实证研究的对象具备较好的双语能力,受过专业的翻译课程训练,有一定的理论素养,并对理论对实践的指导作用有广泛的认可度,因此对这些对象进行的实证研究结果具有可信度和参考价值。实证研究的过程分为四个阶段:预备热身、初译、再译和译后问卷调查。通过考察已有的《中庸》译本的三个具有代表性的译文对两个重点段落的翻译处理方法,收集其中对三个核心概念、两个图形及两个复杂小句的译文数据,同时对比40名译者的译文,统计相关数据:核心概念常用英文对应;图形英译中对图形过程及特殊句式处理方法的对比;序列英译中的衔接、语态、小句关系等。另一方面的数据收集是问卷调查部分,分为译前问题和译后问题。通过译前部分的问卷调查,我们了解到受试者的典籍英译实践经历及对理论以及翻译过程模式图的态度。通过对译后问题的答案收集,并结合序列、图形、成分译文部分的数据分析,我们得出关于典籍英译模式、典籍英译过程中的忽略点方面的结论,以及对典籍英译教学的启发。通过实证研究,我们检验了所提出的典籍英译的模式在实践中的应用情况。该模式针对性强、特色鲜明、接地气等特点得到了受试者的普遍认可,受试者也认可其在实践过程中的确对他们在灵活选择译文对应、增强通过语法隐喻手段完善译文表达的翻译意识,从而积极发挥译者在主观能动性方面的指导作用。同时,我们也了解到该模式需要进一步改进的方面及在典籍英译过程中译者常常忽视的部分,包括:对古代汉语原文的充分理解;相对序列、图形,对成分英译的重视;不自觉地受到母语桎梏及对一些汉语特殊句式处理不够灵活。同时,通过实证研究,我们对如何改善今后的典籍英译教学有所思考。

通过借鉴具有极强解释力的意义进化论,本书提出了一个针对"怎么译"中国典籍英译作品的黑匣子问题的模式图,并通过实证研究的方法检验,证明了其行之有效性,同时启发译者关注在典籍英译实践过程中被忽视的问题及教学者改善典籍英译教学的视角,从而为典籍英译作品成功走出国门的最终目的推波助澜。

6.2 研究贡献

本研究构建了一个有针对性的理论模式,采用了一种切实的检验方法,启发了一个专业课程的教学。

（1）针对性的理论模式

本书在意义进化论的观照下,受启发于通过中观理论可以更好解决翻译研究的观点,构建了一个针对中国典籍作品英译过程的理论模式。该模式区别于以往翻译过程研究学者所构建的模式或框架的主要创新点在于:

① 采用黑白阴阳图为中心的形式突出本土化的理论创新。以太极图形呈现典籍作品的英译过程一方面极具中国特色,另一方面能够以阴阳学本身所强调的互补共生、追求和谐平衡的特性来更好地突出翻译过程各个阶段相互影响、互为参照的共存共生特点。在和谐统一中又通过黑白对比色突出差异。以阴阳图中的黑白两部分分别表示原文和译文不仅产生的是视觉差异,也暗含了翻译过程是一个在黑暗中摸索,但最终豁然开朗的孜孜以求的过程。

② 打破传统上固有的对原文、译文概念理解的桎梏。在阴阳图能指和所指可以相互转换的启发下,典籍英译的中间过程（语内翻译）中的现代汉语角色可以得到更合理的解释,其中间桥梁的作用也在译文、原文的转换过程中进一步突出。

③ 以圆形图构建典籍英译过程理论模式。这样的做法一方面呼应了 Nord 所提出的应以环形模式理解原文到译文的过程,而非二段式或三段式的线性递进;另一方面可以反映在大部分翻译过程研究中所缺失的回译步骤的重要性。在这一步骤中同样允许了原文和译文角色的短暂互换,从而达到检验译文的目的。圆形图可以较为便捷、明朗地反映这一过程。

④ 理论参照与发展。通过构建这一典籍英译过程模式,首次将系统功能语言学派的意义进化论应用到相邻学科的研究中。充分挖掘意义进化论的中国阴阳学说理论基础对典籍英译过程研究

的启发,采用意义进化论中概念基块的三要素作为描述识解典籍英译中各过程的重要参数,接收意义进化论对语法隐喻概念新发展的研究成果完善典籍英译过程的步骤。另外,在作为典籍英译过程研究的理论指导和参照的同时,意义进化论本身的理论价值和应用价值也得到了进一步发展。

(2) 切实的检验方法

以实证研究的方法检验所提出的典籍英译模式是本书的另一个贡献。实证研究始终是翻译过程研究的软肋,却又是检验所提出理论强有力的方法。本书以本校翻译专业硕士学生作为实证研究的受试对象,挑选可以管中窥豹的典籍英译实践材料,设计有针对性的问卷调查,真正在译者实践过程和译后反馈中检验理论模式可行性和可操作性的方法,并从中获得进一步研究的启发。通过这一切实的检验理论假设的方法,我们同时在一定程度上克服了理论研究常常和实践相脱节的弊端。对所提出模式图的应用有助于提高译者在翻译实践过程中的翻译意识,最终提高翻译作品的质量,推动中国传统文化成功走出国门。

(3) 典籍英译教学的启发

未能对典籍英译教学引起足够的重视是目前典籍英译研究另一个遗憾之处。本书的第三个主要贡献便是对这一不足的努力。通过实证研究中反映出的受试者在进行典籍英译实践时的问题及相关的问卷调查,笔者获得了对完善典籍英译课程教学的启示与思考:在今后的这门课程教学中需要特别注意学术与应用统一、理论与实践互补、赏析与实践并进。

6.3 局限与展望

由于有限的学术造诣和欠缺的知识储备,本书对以下问题未能充分展开论述:一是关于理论模式的环节还有进一步推敲完善的空间。虽然我们提出的模式图得到了受试者的普遍认可,但从实践效果上看,模式图关于回译环节的描述还需进一步细化,以引起典籍英译实践者足够的重视。另外,尽管受试者关注到了模式图中所提出的借助语法隐喻构建译文意义和发挥译者主体性的环节,但模式图本身对这两部分的描绘还不够丰满,如语法隐喻的重要手段和实现译者主体性的方式未能呈现在模式图中。第二个不足之处在于实证研究的细节方面。应该说本书所进行的实证研究起到了检验理论模式的根本目的,也给我们的研究和实际应用带来了启发。但从严谨的角度来说,实证研究本身的细节部分还可以更加细致(如受试对象可以更广泛),实证跟踪时间可以更长(如一个学期),问卷调查的设计可以更全面。第三个不足之处是,由于相关古代汉语功底的欠缺,本书对于古代汉语的序列、图形、成分部分的分析只是点到为止,未能展开更为全面的阐述。

  中国典籍作品英译无论是实践还是理论研究都任重道远,但也空间无限。在这条道路上,我们需要埋头苦干,需要以"明知山有虎,偏向虎山行"的勇气,努力修建跨越鸿沟的桥梁,同时也需要抬头看看四周,寻找他山之石,帮助加快修建进程,为的是让山那头、桥对面的人看到这边真正的美景。

附　录

典籍英译过程问卷调查

请大家仔细思考并认真回答下列问题。感谢合作!

第一部分:译前问题

(1) 你之前做过典籍英译吗?

① 如果做过,估计有多少字?(按中文字数统计)

a. 少于 5 千　　　　　b. 5 千—1 万

c. 多于 1 万　　　　　d. 多于 2 万

② 如果没有,是否做过其他类型的汉英翻译(文学、商务、科技、一般应用文或其他)?估计有多少字?

a. 少于 2 万　　　　　b. 2 万—5 万

c. 多于 5 万　　　　　d. 多于 10 万

(2) 你是否同意合格的翻译实践者同时应该具有一定的理论素养?

(3) 你是否认为相比较其他类型的汉英翻译,典籍作品的英译难度更大?

(4) 你是否希望能有一个典籍英译模式图来指导你的翻译实践?

(5) 下面三个过程模式图,你更喜欢哪一个?为什么?

196 | 基于意义进化论的典籍英译模式研究

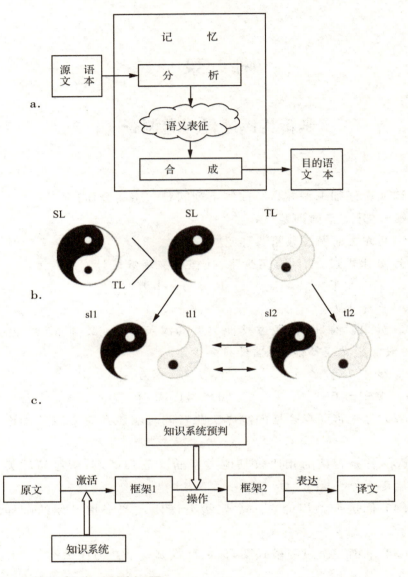

第二部分：译后问题

（1）你在初译阶段是否直接采用了所提供的现代汉语译文，还是重新进行了古代汉语到现代汉语的语内翻译过程？为什么？

（2）你是否参考了我们提供的三个参考英译文？是在你翻译过程的哪个阶段参考的？为什么？

（3）你在翻译《中庸》任务时主要遭遇到哪些困难？初译时如

何处理?

(4) 在被介绍了以下三个翻译过程详细模式图后,你在再译过程中选择了哪一个模式图作为参考和指导?为什么?

典籍英译过程阴阳图:

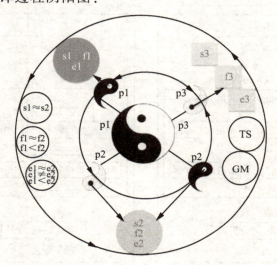

Bell 翻译过程图：

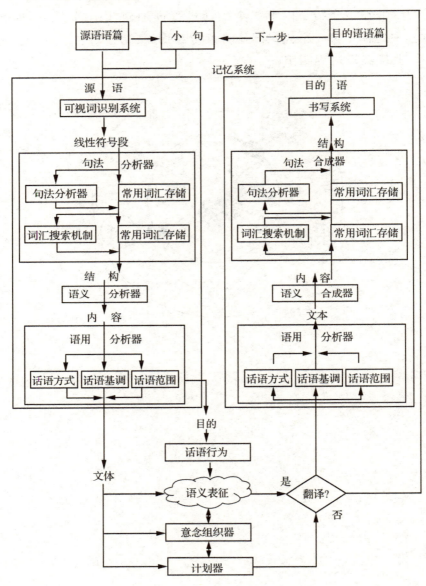

框架模式：

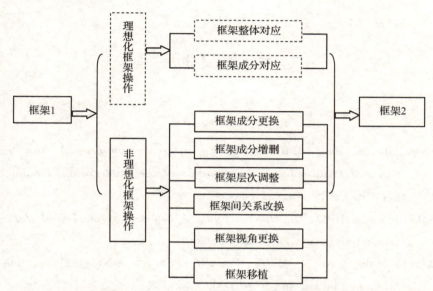

（5）请详细说明你所选择的翻译过程模式图对你再译阶段有哪些帮助？

（6）你以往是如何检查译文的？这次在模式图的参照下，是否有不同的检查视角？效果如何？

（7）你认为应该如何改进现有的翻译过程或典籍英译过程模式图，使之能够更好地指导翻译实践？

（8）你对现有的 MTI 典籍英译课程有何期望和建议？

参考文献

Ames, R. & David. Hall. 2001. *Focusing the Familiar: A Translation and Philosophical Interpretation of the Zhongyong*. Honolulu: University of Hawaii Press.

Baker, Mona. 1992. *In Other Words: A Coursebook on Translation*. London and New York: Routledge.

Baker, Mona (ed.). 1998. *Routledge Encyclopedia of Translation Studies*. London and New York: Routledge.

Bassnett, S. & A. Lefevere. 1990. *Translation, History and Culture*. London and New York: Pinter Publishers.

Bassnett, S. 2004. *Translation Studies*. Shanghai: Shanghai Foreign Language Education Press.

Bell, R. T. 1991. *Translation and Translating: Theory and Practice*. London and New York: Longman.

Bell, R. T. 2001. *Translation and Translating: Theory and Practice*. Beijing: Foreign Language Teaching and Research Press.

Catford, J. C. 1965. *A Linguistic Theory of Translation: An Essay in Applied Linguistics*. London: Oxford University Press.

Chesterman, Andrew & Vagner Emma. 2006. *Can the Theory Help Translators?* Beijing: Foreign Language Teaching and Research Press.

Danes, F. 1974. *Papers on Functional Sentence Perspective*. The Hague: Mouton.

Fauconnier, G. 1997. *Mapping in the Thought and Language*. Cambridge: Cambridge University Press.

Fawcett, P. 1997. *Translation and Language: Linguistic Theories Explained.* Manchester: St. Jerome.

Gutt, E. A. 1991. *Translation and Relevance: Cognition and Context.* Manchester: St. Jerome Publishing.

Gutt, E. A. 2004. *Translation and Relevance: Cognition and Context.* Shanghai: Shanghai Foreign Language Education Press.

Halliday, M. A. K. & R. Hasan. 1976. *Cohesion in English.* London: Longman.

Halliday, M. A. K. 1985. *An Introduction to Functional Grammar.* London: Edward Arnold.

Halliday, M. A. K. 1994. *An Introduction to Functional Grammar* (2nd edition). London: Edward Arnold.

Halliday, M. A. K. & C. M. I. M. Matthiessen. 1999. *Construing Experience through Meaning: A Language-based Approach to Cognition.* London and New York: Cassell.

Halliday, M. A. K. & E. McDonald. 2004. Metafuntional profile of the grammar of Chinese. Martin, J. R. & C. M. I. M. Matthiessen(eds.). *Language Typology: A Functional Approach.* Amsterdam: John Benjamins Publishing Company. 305 -396.

Hatim, B. 1997. *Communication Across Culture: Translation Theory and Contrastive Text Linguistics.* Exeter: University of Exeter Press.

Hatim, B. & I. Mason. 1990. *Discourse and the Translator.* London: Longman.

Hatim, B. & I. Mason. 1997. *A Revised Model for Translation Quality Assessment.* Tubingen: Gunter Narr.

Hatim, B. & I. Mason. 2001. *Discourse and the Translator.* Shanghai: Shanghai Foreign Language Education Press.

Hicky, L. 2001. *The Pragmatics of Translation.* Shanghai: Shanghai Foreign Language Education Press.

Holmes, J. S. 2000. The name and nature of translation studies. L. Venuti (ed.). *The Translation Studies Reader*. London and New York: Routledge.

House, J. 1997. *Translation Quality Assessment: A Model Revisited*. Tubingen: Gunter Narr Verlag.

Jakobson, R. 1959. On linguistic aspects of translation. Lawrence Venuti (ed.) 2000. *Translation Studies Reader*. London and New York: Rontledge. 113 – 118.

Kuhiwczak, Piotr & Karin Littau (eds.). 2007. *A Companion to Translation Studies*. Clevedon, Buffalo and Toronto: Multilingual Matters Ltd.

Ku, Hung-ming. 1906. *The Universal Order or Conduct of Life*. Shanghai: The Shanghai Mercury, Ltd.

Kussmaul, P. 2005. Translation through visualization. *Meta* 50: 378 – 391.

Lakoff, G. 1987. *Women, Fire, and Dangerous Things*. Chicago: Chicago University Press.

Lakoff, G. & M. Johnson. 1980. *Metaphors We Live By*. Chicago: Chicago University Press.

Legge, J. 1861. *The Chinese Classics*. Hong Kong: Anglo-Chinese College Press.

Li, Eden Sum-hung. 2003. Translation from a Systemic Functional Perspective: A Case Study of Thematic Selection in a Chinese Translation. A talk given in the 2nd Sun Yat-sen University Functional Linguistics Forum, Zhongshan University, Guangzhou, China.

Li, Eden Sum-hung. 2007. *A System of Functional Grammar of Chinese: A Text-based Analysis*. New York: Continuum Intl Pub Group.

Lorscher, Wofgang. 1991. *Translation Performance, Translation Process and Translation Strategies: A Psycholinguistic Investiga-

tion. Gunter: NarrVerlag Tibingen.

Li, Charles N. & Sandra A. Thompson. 1976. Subject and topic: A new typology of language. Charles N. Li (ed.). *Subject and Topic*. New York: Academic Press.

Matthiessen, C. M. I. M. 1992. Interpreting the textual metafunction. M. Davies & L. Ravelli (eds.). *Advances in Systematic Linguistics: Recent Theory and Practice*. London: Printer: 37–81.

Matthiessen, C. M. I. M. 2010. *Key Terms in Systemic Functional Linguistics*. New York: Continuum.

McDonald, E. 1994. Completive verb compounds in modern Chinese: A new look at an old problem. *Journal of Chinese Linguistics* (1): 807–856.

Munday, J. 2001. *Introducing Translation Studies*. London: Routledge.

Nida, E. A. & C. R. Taber. 1969. *The Theory and Practice of Translation*. Leiden: E. Brill.

Nord, C. 1988. *Textanalyse und Übersetzen*. Heidelberg: Groos.

Nord, C. 1991/2006. *Text Analysis in Translation: Theory, Methodology and Didactic Application of a Model for Translation Oriented Text Analysis*. Amsterdam: Rodopi.

Nord. C. 2001. *Translation as a Purposeful Activity—Functionalist Approaches Explained*. Shanghai: Shanghai Foreign Language Education Press.

Nord, C. 2006. *Text Analysis in Translation: Theory, Methodology, and Didactic Application of Model for Translation Oriented Text Analysis* (Second Edition). Beijing: Foreign Language Teaching and Research Press.

Quirk, R. et al. 1985. *A Comprehensive Grammar of the English Language*. London: Longman.

Snell-Hornby, M. 1988. *Translation Studies: An Integrated Approach*. John Benjamins, Amsterdam and Philadelphia.

Steiner, G. 1975. *After Babel: Aspects of Language and Translation*.

Oxford: Oxford University Press.

The Concise Oxford Dictionary of Current English (8th edition). 1990. Oxford: Clarendon Press.

Toury, G. 1995. *Descriptive Translation Studies and Beyond*. Amsterdam: John Benjamins Publishing Company.

Toury, G. 2001. *Descriptive Translation Studies and Beyond*. Shanghai: Shanghai Foreign Language Education Press.

边立红. 2006. "君子"英译现象的文化透视. 外语学刊(4): 94—99.

蔡武. 2007.《"中译外——中国走向世界之路"高层论坛开幕式上的讲话》. 中国翻译协会(编). 中国翻译年鉴. 北京: 外文出版社.

蔡元培. 2000. 中国伦理学史. 北京: 商务印书馆.

曹津源. 1983. 谈文言文教学中的古今汉语联系. 徐州师范学院学报(3): 136—138.

陈丽梅. 2012. 言外之意修辞现象研究. 复旦大学博士学位论文.

陈梅, 文军. 2013.《中庸》英译研究在中国. 上海翻译(1): 21—25.

陈荣捷. 2006. 中国哲学文献选编. 南京: 江苏教育出版社.

陈颖聪. 2007. 古今汉语名词概念化方式的变化及其对语法的影响. 科教文讯(上旬刊)(6): 163—193.

陈志杰, 潘华凌. 2008. 回译——文化全球化与本土化的交汇处. 上海翻译(3): 55—59.

成中英. 1991. 论中西哲学精神. 上海: 东方出版中心.

丁建新. 2009. 功能语言学的进化论思想. 外国语(4): 71—76.

丁烨. 2010. 翻译过程研究的回顾与反思. 考试周刊(22): 34—35.

董志翘. 2011. 为古汉语研究夯实基础——"中古汉语研究型语料库"建设刍议. 燕山大学学报(哲学社会科学版)(12): 1—6.

杜维明. 2008.《中庸》洞见. 北京: 人民出版社.

方梦之. 2011. 中国译学大辞典. 上海: 上海外语教育出版社.

冯庆华.1994.实用翻译教程.北京:外语教学与研究出版社.
冯庆华.2002.文体翻译论.上海:上海外语教育出版社.
傅佩荣.2012.傅佩荣译解大学中庸.北京:东方出版社.
付诗惟.2014.主位推进模式与语篇分析——《醉翁亭记》原文及英译文的个案研究.赤峰学院学报(汉字哲学社会科学版)(3):221—223.
付瑛瑛.2011."传神达意"——中国典籍英译理论体系的尝试性建构.苏州大学博士学位论文.
高晓菲.2011.古今汉语偏义式复合词对比研究.延边大学硕士学位论文.
宫军.2010.从翻译的不确定性看译者主体性.外语学刊(2):128—130.
管敏义.1996.略论古籍今译.宁波师范学报(社会科学版)(2):33—36.
郭建中.2000.当代美国翻译理论.武汉:湖北教育出版社.
韩陈其.1990.论文言今译的科学原则和基本方法及其现状.徐州师范学院学报(哲学社会科学版)(3):99—103.
韩子满.2012.典籍英译与专业翻译教学.解放军外国语学院学报(2):76—80,85.
杭咏梅.2006.高初中语文知识点的脱节现象分析及对策.宿州教育学院学报(4):38—39.
何伟,张娇.2006.《醉翁亭记》英译文的语法隐喻分析.外语与翻译(1):12—19.
何伟,张娇.2010.古诗词英译中意合向形合的转换:概念隐喻分析.西安外国语大学学报(1):63—65.
黑格尔.1979.美学.朱光潜译.北京:商务印书馆.
张敬源.功能语言学与翻译研究.北京:外语教学与研究出版社.
侯国金.2008.语用学大是非和语用翻译学之路.成都:四川大学出版社.
侯林平,姜泗平.2006.我国近十年来译者主体性研究的回顾与反思.山东科技大学学报(3):100—104.

侯宏堂. 2003. 阴阳学说与中国人的宇宙观. 安徽师范大学学报（1）：62—69.

胡庚申. 2004. 从"译者主体"到"译者中心". 中国翻译（3）：10—16.

胡壮麟. 2000. 评语法隐喻的韩礼德模式. 外语教学与研究（2）：88—94.

黄斐霞. 2014. 功能对等理论关照下的文化负载词英译——以《论语》中"君子""小子"称呼为例. 福建师大福清分校学报（1）：68—71,104.

黄国文. 1988. 语篇分析概要. 长沙：湖南教育出版社.

黄国文. 2002. 功能语言学分析对翻译研究的启示——《清明》英译文的经验功能分析. 外语与外语教学（5）：1—6,11.

黄国文. 2003. 从《天净沙·秋思》的英译文看"形式对等"的重要性. 中国翻译（2）：21—23.

黄国文. 2004. 翻译研究的功能语言学途径. 中国翻译（5）：15—19.

黄国文. 2009. 一个简单翻译过程模式的功能分析. 外语研究（1）：1—7.

黄国文. 2012. 典籍翻译：从语内翻译到语际翻译——以《论语》英译为例. 中国外语（6）：64—71.

黄洪. 2009.《论语》词性变化初探. 青年文学家（22）：95.

黄玉顺. 1999. 儒家哲学的"三句真谛"——《中庸》开篇三句的释读. 中州学刊（5）：67—70.

黄振定. 2007. 翻译学的语言哲学基础. 上海：上海交通大学出版社.

黄中习. 2007. 文化典籍英译与苏州大学翻译方向研究生教学. 上海翻译（1）：56—58.

黄中习. 2009. 典籍英译标准的整体论. 苏州大学博士学位论文.

金开诚. 2001. 文化古今谈. 广州：新世纪出版社.

金圣华. 1997. 桥畔译谈——翻译散论八十篇. 北京：中国对外翻译出版公司.

靳海强．2011．古今汉语名词动用比较研究．延边大学硕士学位论文．

柯平．1988．文化差异和语义的非对等．中国翻译（1）：9—15．

勒代雷．2001．释意学派口笔译理论．刘和平译．北京：中国对外翻译出版公司．

李健，范祥涛．2010．基于主位推进模式的语篇翻译研究．张敬源主编．功能语言学与翻译研究．北京：外语教学与研究出版社．

李强．2012．古今汉语话题句之比较研究．浙江大学硕士学位论文．

李占喜．2007．关联与顺应：翻译过程研究．北京：科学出版社．

李志霞．2012．"金"词群研究．南京师范大学硕士学位论文．

梁志芳．2013．"文化回译"研究——以赛珍珠中国题材小说《大地》的中译为例．当代外语研究（8）：51—55．

廖七一．2000．当代西方翻译理论探索．南京：译林出版社．

刘和平．2008．中译外：悖论、现实与对策．外语与外语教学（10）：61—63．

刘华文．2003．英汉翻译中的认知映射与还原映射．解放军外国语学院学报（9）：55—59．

刘肯红．2006．语法隐喻视角下的可译性研究．广西大学硕士学位论文．

刘芹芹．2013．古今汉语前200个高频字字频变化研究．渤海大学硕士学位论文．

刘荣强．2005．中国典籍英译在本科笔译教学中的应用．汪榕培，李正栓（主编）．典籍英译研究（第一辑）．保定：河北大学出版社．

刘晓林，王杨．2012．略论为什么现代汉语发展成为话题优先型语言．语言研究（1）：21—26．

刘杨．2010．阴阳文化内涵及其英译研究．长沙：湖南大学出版社．

刘宇红．2011．隐喻过程中概念特征置换的非对称性研究．江苏外语教学(1):41—47.

罗伟豪.1992.文言翻译的原则与基本方法——评杨烈雄《文言翻译学》.学术研究(6):124—128.

罗选民,杨文地.2012.文化自觉与典籍英译.外语与外语教学(5):63—66.

卢克勤,张莉莉.2013.从历史比较视角看中西方文化的共性.北方文学(2):176—177.

麻彩霞.2008.古今汉语词类活用比较.汉字文化(1):41—43.

马会娟.2013.汉译英翻译能力研究.北京:北京师范大学出版社.

马会娟.2014.汉英文化比较与翻译.北京:中国对外翻译出版公司.

马小麒.2006.中西方文化对汉英语言的影响.甘肃理论学刊(5):134—136.

买鸿德,陈东阜.1985.古汉语几种特殊句式与现代汉语比较.西北民族大学学报(2):61—70.

倪培民.2005.从功夫论的角度解读《中庸》——评安乐哲与郝大维的《中庸》英译.求是学刊(2):6—12.

潘智丹.2009.淡妆浓抹总相宜:明清传奇的英译.苏州大学博士学位论文.

祁保国.2009.古今汉语比较研究刍议.河套大学学报(3):34—36,101.

乔飞鸟.2012.《中庸》英译本比较研究.山东大学硕士学位论文.

秦洪武译.Roger Bell著.2005.翻译与翻译过程:理论与实践.北京:外语教学与研究出版社.

邱斌.2007.古今汉语方位词对比研究.复旦大学博士学位论文.

任锋.2014.天人、治教与君子:《中庸》经义解析.天津师范大学学报(社会科学版)(4):9—13.

沈革新.2009.汉语古今词性演变.青年文学家(23):108.

石毓智.2005.被动化标记语法化的认知基础.民族语文(3):14—22.

束慧娟. 2003. 系统功能语法对翻译《红房子》的启示. 安徽大学学报(哲学社会科学版)(5): 110—115.

束慧娟. 2004. 诗歌翻译的语法隐喻视角. 苏州大学硕士学位论文.

司显柱. 2004a. 论功能语言学视角的翻译质量评估模式研究. 外语教学(4): 45—50.

司显柱. 2004b. 试论翻译研究的系统功能语言学模式. 外语与外语教学(6): 52—54.

宋继华等. 2008. 古今汉语平行语料库的语料构建. 现代教育技术(1): 92—99.

宋晓春. 2014. 阐释人类学视阈下的《中庸》英译研究. 湖南师范大学博士学位论文.

苏蕊. 2007. 语法隐喻和英汉功能对等翻译. 复旦大学硕士学位论文.

谭载喜. 1984. 奈达论翻译. 北京: 中国对外翻译出版公司.

谭载喜. 1991. 西方翻译简史. 北京: 商务印书馆.

谭业升. 2009. 跨越语言的识解: 翻译的认知语言学探索. 上海: 上海外语教育出版社.

谭业升, 葛锦荣. 2005. 隐喻翻译的认知限定条件——兼论翻译的认知空间. 解放军外国语学院学报(4): 59—63.

唐青叶. 2004. 功能与认知研究的新发展——《通过意义识解经验: 基于语言的认知研究》评介. 外国语(2): 73—78.

唐雪艳. 2012. 古今汉语辞书法律词语释义对比研究. 鲁东大学硕士学位论文.

汪榕培, 李秀英. 2006. 典籍英译研究(第二辑). 大连: 大连理工大学出版社.

汪榕培, 郭尚兴. 2011. 典籍英译研究(第五辑). 北京: 外语教学与研究出版社.

汪榕培, 王宏. 2009. 中国典籍英译. 上海: 上海外语教育出版社.

王程. 2014.《京华烟云》两个中文译本文化负载词的回译策略比

较研究. 重庆大学硕士学位论文.

王丹丹. 2010. 建设完整的典籍英译教学体系. 汪榕培、门顺德（主编）. 典籍英译研究（第四辑）. 北京：外语教学与研究出版社.

王东风. 2007. 功能语言学与后解构主义时代的翻译研究. 中国翻译（3）：6—9.

王国维. 1925. 书辜汤生英译《中庸》后. 学衡（43）.

王国轩. 2012. 大学中庸. 北京：中华书局.

王宏. 2012. 中国典籍英译：成绩、问题与对策. 外语教学理论与实践（3）：8—14.

王宏. 2012. 走进绚丽多彩的翻译世界. 北京：外语教学与研究出版社.

王宏印. 2009. 中国文化典籍英译. 北京：外语教学与研究出版社.

王辉. 2008. 理雅各《中庸》译本与传教士东方主义. 孔子研究. （5）：103—114.

王建国. 2005. 回译与翻译研究、英汉对比研究之间的关系. 外语学刊（4）：78—83.

王军. 2011. 隐喻映射问题再思考. 外国语（4）：50—55.

王维平. 2010. 英汉新词共性探究. 浙江工商职业技术学院学报（1）：66—69.

王雪明, 杨子. 2012. 典籍英译中深度翻译的类型与功能——以《中国翻译话语英译选集》（上）为例. 中国翻译（3）：103—108.

王玉仁, 王晓囡. 2013. 比较教学法与古代汉语教学. 渤海大学学报（哲学社会科学版）（3）：111—114.

王振来. 2006. 从语法化和方言的角度考察被动标记. 汉语学习（4）：13—17.

王正良. 2007. 回译研究. 大连：大连海事大学出版社.

王正胜. 2009. 回译研究的创新之作——《回译研究》介评. 外语教育（00）：167—170.

文军. 2012. 论《中国文学典籍英译词典》的编纂. 外语教学（6）：

88—92.

吴全兰. 2012. 阴阳学说的哲学意蕴. 西南民族大学学报(人文社科版)(1):55—59.

伍小龙,王东风. 2004. 新的思考角度 新的研究视野——评谢天振教授的新作《翻译研究新视野》. 外国语(5):75—77.

肖开容. 2012. 翻译中的框架操作. 西南大学博士学位论文.

谢瑞娟. 2009. 试论《中庸》的"诚". 华中科技大学硕士学位论文.

邢杰,刘芳. 2008. 历史、现在与未来:翻译研究在世纪初的思考——《翻译研究指南》述评. 中国翻译(2):33—36.

邢玥. 2014. 浅谈《中庸》首章核心概念的英译. 学理论(15):168—169.

徐盛桓. 1982. 主位和述位. 外语教学与研究(1):1—9.

许建础. 2012. 古汉语复词偏义成因研究综述. 理论界(2):128—130.

许钧. 2014. 翻译论. 南京:译林出版社.

许钧. 2012. 翻译研究之用及其可能的出路. 中国翻译(1):5—12.

许慎. 1963. 说文解字. 北京:中华书局.

严世清. 2000. 隐喻论. 苏州:苏州大学出版社.

严世清. 2002. 论韩礼德的语言哲学思想. 外语研究(2):7—10,19.

严世清. 2012. 意义进化理论溯源. 外语教学与研究(1):45—53.

杨莉藜. 1998. 系统功能翻译理论引论. 外语与外语教学(3):1—4.

杨烈雄. 1981. 谈文言文的普通话翻译. 惠州师专学报(社会科学版)(2):12—22.

杨烈雄. 1989. 文言翻译学. 北京:中国经济出版社.

杨平. 2003. 对当前中国翻译研究的思考. 中国翻译(1):3—5.

杨雪芹. 2012. 语法隐喻理论及意义进化观研究. 苏州大学博士

论文．

杨自俭．2005．对比语篇学与汉语典籍英译．外语与外语教学（7）：60—63．

岳中奇．2003．高校汉语课程体制改变思辨．韶关学院学报（5）：93—102．

查明建，田雨．2003．论译者主体性——从译者文化地位的边缘化谈起．中国翻译（1）：19—24．

张芳．2013．回译研究综述：回顾、现状与展望．江苏外语教学研究（1）：81—84．

张桂宾．1993．省略句研究评述．汉语学习（1）：25—29．

张今．1987．文学翻译原理．郑州：河南大学出版社．

张敬源．2010．功能语言学与翻译研究．北京：外语教学与研究出版社．

张美芳．1999．从语境分析中看动态对等论的局限性．上海科技翻译（4）：52—55．

张美芳．2000．英汉翻译中的信息转换．外语教学与研究（5）：374—379．

张美芳．2001．从语篇分析的角度看翻译中的对等．现代外语（1）：78—84．

张美芳．2005．语言的评价意义与译者的价值取向．黄国文，常晨光，丁建新编．功能语言学的理论与应用．北京：高等教育出版社．

张沛．2004．隐喻：人与言的和解者．中国比较文学（3）：151—162．

赵霞．2012．基于意义进化理论的语法隐喻研究．内蒙古大学学报（哲学社会科学版）（4）：95—100．

宗白华．1981．美学散步．上海：上海人民出版社．

周亚莉．2010．任务型教学法在典籍英译教学中的运用与反思．汪榕培、门顺德（主编）．典籍英译研究（第四辑）．北京：外语教学与研究出版社．

朱永生．1994．英语中的语法比喻现象．外国语（1）：8—13．

朱永生. 1995. 主位推进模式与语篇分析. 外语教学与研究(3)：6—12.

朱永生. 2006. 名词化、动词化与语法隐喻. 外语教学与研究(2)：83—90.

朱永生, 严世清. 2011. 系统功能语言学再思考. 上海：复旦大学出版社.